KNAUR

Bernhard Moestl

Das Shaolin-
Buch für Eltern

**Die drei Schritte zur
erfolgreichen Erziehung**

**Wie Eltern und Kinder selbstbewusst
durchs Leben gehen**

Besuchen Sie uns im Internet:
www.knaur.de

Vollständige Taschenbuchausgabe Februar 2016
© 2010 bei Knaur Verlag
Ein Unternehmen der Droemerschen Verlagsanstalt
Alle Rechte vorbehalten. Das Werk darf – auch teilweise – nur mit
Genehmigung des Verlags wiedergegeben werden.
Bei der Anwendung in Beratungsgesprächen, im Unterricht
und in Kursen ist auf dieses Buch hinzuweisen.
Redaktion: Bettina Huber
Covergestaltung: ZERO Werbeagentur, München
Coverabbildung: Fine Pic®, München
Layout und Satz: Veronika Preisler / Adobe InDesign im Verlag
Druck und Bindung: CPI books GmbH, Leck
ISBN 978-3-426-78367-2

2   4   5   3   1

*Für Heidi, ohne die es
dieses Buch nicht gegeben hätte*

Inhalt

Liebe Leserinnen und Leser,

als ich mich vor gar nicht langer Zeit entschlossen habe, ein Buch zum Thema Erziehung zu schreiben, geschah das unter dem Eindruck einer vor allem im deutschsprachigen Raum teilweise sehr emotional geführten Diskussion. Ausgelöst durch ein Buch, das die Kinder der Zukunft als Tyrannen sah, falls die Eltern nicht umgehend ihre zu partnerschaftlichen Erziehungsmethoden änderten, standen sich bald ein »autoritäres« und ein »antiautoritäres« Lager in erstaunlicher Feindseligkeit gegenüber. Und das ist, angeheizt durch weitere Bücher, seltsamerweise bis heute so. Beide Seiten preisen die eigene Vorgehensweise als die einzig mögliche an, und in der Mitte stehen teils fassungslose Eltern, die nicht mehr wissen, was sie glauben sollen.

Wer meine Bücher kennt, weiß, dass ich von der Idee des allumfassenden Ratschlages ganz grundsätzlich nichts halte. Denn so gerne manche Menschen das auch hätten: Weder können wir jemandem sagen, wie er sein eigenes Leben gestalten noch in welches er die eigenen Kinder führen soll. Denn wer trägt am Ende die Verantwortung? Doch wohl der Erziehende.

Auch wenn nichts dagegenspricht, jemandem die persönliche Sicht auf eine Sache oder eine mögliche Vorgehensweise darzulegen, muss die Antwort am Ende jeder in sich selbst finden. Dessen bin ich mir als Autor sehr bewusst. Doch was wir als Gesellschaft und ich als Autor tatsächlich dazu beitragen können, ist, die Eltern dabei zu unterstützen, einen Schritt zurückzutreten und die tatsächlichen

Motive für ihr Handeln zu verstehen. Hat der Erziehende das Wohl des Kindes im Kopf – oder seine eigenen Prinzipien, Vorstellungen und Erfahrungen? Handelt er aus der Überzeugung, das Richtige zu tun, oder aus dem Wunsch, etwas vermutlich Falsches zu vermeiden? Erziehung ist immer ein Spagat zwischen vermeintlichen gesellschaftlichen Anforderungen und den tatsächlichen Fähigkeiten und Bedürfnissen eines Kindes.

Einige der wichtigsten Einsichten zum Thema Erziehung verdanke ich den Mönchen des Klosters Shaolin. Hatte ich am Anfang noch Zweifel daran, dass es Kampfmönchen möglich sein sollte, Kinder zu friedfertigen Wesen zu erziehen, erkannte ich bald das Gegenteil. Denn Shaolin steht für die erstaunliche Einsicht: Nur die Fähigkeit zur bedingungslosen Selbstführung befähigt zur Führung anderer Menschen – und damit sind auch die Kleinsten gemeint. Den Mönchen zufolge hat der Weg zum kampflosen Sieg und so auch zu jedem Erfolg, der nicht auf Kosten anderer geht, seine Basis im Bewusstsein des eigenen Wertes. Nur wer sich selbst als wertvollen, besonderen Menschen wahrnimmt, kann gelassen damit umgehen, dass ein anderer das vielleicht nicht so sieht. Wer als Eltern Gelassenheit ausstrahlt, der kann auch mit der Kritik durch die eigenen Kinder leben, aber auch mit den Zweifeln der Umgebung und der Gesellschaft.

Auch wenn die Idee hinter dem ursprünglichen Titel »Wer Grenzen zieht, kann Wege öffnen« heute aktueller ist denn je, war es mir ein Anliegen, das Wort »Shaolin« in den Titel dieser Taschenbuchausgabe zu bringen. Denn die Mönche lehren uns, dass Grenzen keine Strafe sind, sondern ein lebenswichtiges Recht, in deren Schutz erst das gelingen kann, was sich wohl alle Eltern wünschen: Kinder zu glücklichen, selbstbewussten Menschen zu erziehen, die auch als Erwachsene noch gerne auf die Kinderzeit zurückblicken. Ich lade Sie dazu ein, mit mir den Weg der Shaolin zu gehen, um Erkenntnisse zu gewinnen für Ihren Umgang mit Kindern – und für Ihr Sein als Eltern.

Ihr
Bernhard Moestl

Brasov / Kronstadt, im November 2015

Jeder ist berufen,
etwas in der Welt
zur Vollendung zu bringen.
(Bashò)

Einleitung

Wenn du das Leben begreifen willst,
glaube nicht, was man sagt und was man schreibt,
sondern beobachte selbst und denke nach.
(Anton Tschechow)

Wie dieses Buch funktioniert und wie Sie daraus den größten Nutzen ziehen.

Zuerst einmal: ganz herzlich willkommen. Schön, dass Sie da sind. Schön auch, dass Sie sich mit einem Thema beschäftigen, das so einfach aussieht und doch oft so schwierig ist: mit der Kunst, Menschenkinder ins Leben zu führen.

Erziehung, und das sollen Sie von Anfang an wissen, bedeutet für mich nicht, ein Kind gesellschaftskonform heranwachsen zu lassen. Es heißt nicht einmal, es nach der eigenen Vorstellung zu formen.

Für mich ist das Ziel von Erziehung, Kinder in ein glückliches, gutes Leben zu führen und ihnen alle dazu erforderlichen Mittel mit auf den Weg zu geben. Nach meinem Verständnis sind Eltern nicht Bildhauer, die einen Menschen modellieren, sondern Reiseleiter, die ihn ins Leben begleiten. Vielleicht kommt mir dieser Vergleich auch deshalb, weil ich selbst fast zwanzig Jahre in dieser Branche tätig war. Dort habe ich gelernt, Grenzen zu ziehen, ohne einzuengen, Autorität auszustrahlen, ohne autoritär zu sein, und die beim Reisen unvermeidliche Disziplin durchzusetzen.

13

Was ein Kind für sein Leben benötigt, muss jeder Erziehende für seinen Sprössling selbst herausfinden. Ich kann Sie dabei lediglich unterstützen. Daher ist dieses Buch auch kein Ratgeber mit konkreten Handlungsanweisungen für verschiedene Situationen, ganz nach dem Motto: »Wenn dein Kind dieses macht, dann reagiere mit jenem.«

Verstehen Sie dieses Buch als sogenanntes Mutmachbuch, als Aufforderung, sich und Ihrer Fähigkeit zu vertrauen, Kinder in Liebe zu leiten und zu führen. Sie werden mit Erstaunen feststellen, wie gut Sie das können.

Viele Erziehende haben zwar ganz genaue Vorstellungen von der vermeintlich einzig richtigen Methode, können diese aber oft nicht mit ihrem Gewissen vereinbaren. Daher suchen sie nach Rechtfertigung und Bestärkung durch einen Experten, damit dieser ihnen die Verantwortung für ihr Verhalten abnimmt. Das funktioniert nicht. Selbst wenn Ihnen eine Million Spezialisten etwas rät: Für das, was Sie tun, bleiben am Ende Sie selbst verantwortlich. Ich glaube auch gar nicht, dass man Menschen etwas über Erziehung lehren kann.

Erziehung fängt mit Bewusstmachen an

In den Jahren, die ich in Asien unter anderem als Reiseleiter verbracht habe, habe ich vor allem eines gelernt: mir meiner Verantwortung für meine Gedanken, meine Gefühle und meine Wirkung auf andere Menschen bewusst zu werden. Nicht ein anderer, sagen die Mönche im Kloster Shaolin, fordert dich zum Kampf heraus. Vielmehr bist du selbst zu schwach, dem Kampf aus dem Weg zu gehen, und lässt dich daher zur Gewalt reizen. Nicht andere haben Schuld daran, wenn du dich schlecht fühlst, es ist deine eigene Entscheidung, nur das Schlechte einer Situation zu erkennen. Nicht andere sind es schließlich, die dich als aggressiv und unbeherrscht empfinden, du selbst bist es, der so auftritt und sie zu dieser Empfindung zwingt. So verhält es sich auch mit der Erziehung.

Gute Erziehung entsteht in der Bereitschaft, sich ehrlich mit sich selbst, seinem Kind und den echten Anforderungen des Lebens auseinanderzusetzen.

Ich kann und ich möchte niemandem einen Rat geben. Alles, was Sie in Wirklichkeit benötigen, ist schon in Ihnen vorhanden. Sie müssen es sich nur bewusst machen.

Damit Sie aus dem Buch den maximalen Nutzen ziehen, brauchen Sie zusätzlich ein leeres Notizheft. Denn Sie finden innerhalb des Textes und am Ende jedes Kapitels immer wieder Übungen und Fragen, die Sie bitte in Stichworten schriftlich beantworten. Natürlich hätten wir dafür auch in dem Buch Platz einräumen können. Was aber, wenn Sie dieses Buch einmal an jemand anderen weitergeben möchten oder eine fremde Person aus Neugierde einfach hineinschaut? Dann würde diese vielleicht etwas von Ihnen erfahren, was Sie gar nicht möchten. Dieses Notizbuch soll Ihr ganz persönlicher Begleiter sein und am Ende sehr viel von Ihnen wissen, was auch nur Sie etwas angeht. Notieren Sie die Antworten möglichst nicht irgendwann, sondern genau dort, wo ich Sie dazu auffordere. Oft brauchen wir die Ergebnisse im weiteren Verlauf.

Warum Sie überhaupt etwas aufschreiben sollen? Weil Erziehung sehr viel mit dem eigenen Bewusstmachen zu tun hat. Im Grunde geht es ja um nichts Geringeres als um Ihren Einfluss und Ihre Wirkung auf Ihre Kinder, aber auch um die Frage, warum Sie in einer Situation auf eine bestimmte Art und Weise reagieren. Daher kann ein Buch zu diesem Thema kein Lese-, sondern muss ein Arbeitsbuch sein. Wenn Sie eine Fremdsprache lernen wollen, lesen Sie ja auch nicht nur den Sprachführer. Abgesehen davon sollen Sie nicht meine Meinung lesen, sondern sich Ihre eigene bilden. Das Benutzen des Notizbuchs hat aber noch einen anderen Vorteil: Sie können darin sehen, wie die Beschäftigung mit der Thematik auch Ihre Ansichten und Ihr Verständnis verändert. Und seien Sie bitte bei der Beantwortung der Fragen ehrlich zu sich selbst. Schreiben Sie alles so auf, wie es wirklich ist. Niemand außer Ihnen wird Ihre Antworten erfahren, nicht einmal ich.

Ihre Meinung zählt

Wenn Sie übrigens einmal bei etwas nicht meiner Ansicht sind, diskutieren Sie ruhig mit mir. Sagen Sie es, widersprechen Sie, formulieren Sie Ihre eigene Meinung. Sie sollen am Ende nicht denken wie ich, Sie sollen einfach einen Standpunkt haben, der Ihrer Überlegung entspringt und nicht einem Mangel an Alternativen. Oft erfordern Situationen im Elternalltag so schnelle Entscheidungen, dass keine Zeit mehr bleibt, über deren Konsequenzen nachzudenken. Da ist es dann gut, wenn man schon vorher einmal ohne Emotionen darüber nachgedacht hat, was zu tun ist. Genau dabei soll Ihnen dieses Buch helfen.

Was für mich Verantwortung heißt

Zum Schluss noch ein Wort in eigener Sache: Sie werden weder davon lesen, dass Eltern in meine Sprechstunde oder Praxis gekommen sind, noch irgendetwas über meine eigenen Kinder. Ich habe nämlich keines von beiden. Der Inhalt dieses Buches beruht auf den Beobachtungen meines eigenen Verhaltens, dem von Erwachsenen und Kindern, den dazugehörigen Überlegungen und auf vielen Jahren professionellen Umgangs mit Menschen aller Altersgruppen.

Nicht zuletzt bin ich als Spross einer Lehrerfamilie mit dem Thema Erziehung gleichsam groß geworden. Diskussionen über Sinn und Unsinn von Strafen, fleißige und faule Schüler und nicht zuletzt die Frage, wie man Letztere dazu bringen könnte, zu tun, was die Lehrer von ihnen verlangen, waren fixer Bestandteil unserer allabendlichen Gesprächskultur. Und natürlich ein guter Nährboden für meine eigene kindliche Auseinandersetzung mit diesem Thema.

Besonders in Erinnerung geblieben ist mir die Frage, wieso es in meinem Umfeld so viele Regeln gab, die aus meiner Sicht keiner anderen Quelle entsprungen waren als der Willkür eines Erwachsenen. Denn was konnte ein »Weil ich es sage!«-Verbot sonst anderes sein?

Mit der Distanz der Jahre verstehe ich heute manches vom Verhalten der damals Großen. Was aber nicht bedeutet, dass ich deren Meinung uneingeschränkt teile. Selbst wenn ich heute Menschen zum Thema Erziehung reden höre, frage ich mich oft, ob das, was sie da sagen, tatsächlich ihre Meinung ist. Ich meine, haben die sich das selbst überlegt, oder reden sie nur nach, was schon seit Jahrhunderten unüberlegt von Generation zu Generation weitergegeben wird? Erziehung an sich ist nicht greifbar und daher per se weder richtig noch falsch. Erziehung ist ein Weg, den Sie gemeinsam mit Ihrem Kind gehen. Dieser Weg, auf chinesisch »Tao«, führt vorbei an Ihnen selbst und an Ihrem Kind und hat sein Ziel in einem glücklichen Leben.

Was ich Ihnen in diesem Buch vermitteln möchte, ist ein Bewusstsein gegenüber Ihnen selbst und dem Wesen und den Bedürfnissen Ihres Kindes. Verstehen Sie es als eine Reise in das wunderbare Gebiet einer gelungenen Erziehung, vorbei an allem, was heutige Erziehende bewegt.

Kommen Sie mit? Dann lassen Sie uns gehen.

Teil 1
Wege zum Selbst

*Bevor du dich daranmachst,
die Welt zu verändern,
gehe dreimal durch dein
eigenes Haus.*

(aus China)

Erkenne dich selbst,
bevor du Kinder zu erkennen trachtest.
Unter ihnen allen bist du selbst
ein Kind, das du zunächst
einmal erkennen, erziehen
und ausbilden musst.

(Janusz Korczak)

1. Die Kunst der Selbstreflexion

Man erzieht durch das, was man sagt, mehr noch durch das, was man tut, am meisten durch das, was man ist. (Ignatius von Antiochien)

Lerne, die Zukunft deines Kindes von deiner Vergangenheit zu trennen.

Viel ist in der letzten Zeit über Kinder diskutiert worden. Über ihre vielseitigen Entwicklungsmöglichkeiten, über ihre Probleme, über die immer größer werdenden Schwierigkeiten mit ihnen und über die Frage, wie das alles in den Griff zu bekommen sei. Experten wurden befragt, Eltern und Erzieher kamen als die sogenannten Betroffenen zu Wort. So vielfältig aber der Hintergrund der Diskutierenden und das Spektrum der möglichen Lösungen auch waren, in einem Punkt gab es erstaunliche Einigkeit: Das Problem liegt an und bei den Kindern. Auffallend selten wurde dabei die Welt der Erwachsenen erwähnt. Vielleicht geschah es ja aus Unverständnis, vielleicht aus Unwissenheit, immer aber geschah es so, als gäbe es darüber nichts zu reden. Sicherlich war es kein Desinteresse. Mehr als einmal statteten Vertreter der Erwachsenenwelt der Welt der Kinder einen Besuch ab, die ihnen so fremd und lebensfeindlich erschienen sein muss wie einem Arktisbewohner die Wüste. Vielleicht gab es aber auch einen ganz anderen Grund: den einfachen Wunsch, zu vergessen, wie sehr diese beiden

Welten miteinander verwoben, wie sehr genau die diskutierten Kinder das Produkt und damit der Spiegel ebenjener Erwachsenenwelt sind.

»Lasst unsere Erziehung in Ruhe«, scheinen die Großen zu rufen, »die haben wir schon lange und gut hinter uns gebracht. Sorgen machen uns doch nur die Kleinen.«

Der Blick in den eigenen Spiegel

In den Köpfen vieler Menschen entsteht nun ein sehr eigenartiges Bild. Auf der einen Seite sehen sie die Kinder: abhängig, ungeformt, unangepasst und voller vermeintlicher Fehler. Ihnen gegenüber stehen die Erwachsenen: unabhängig, geformt, angepasst und vermeintlich ohne alle diese Fehler. Schließlich haben sie den Prozess der Erziehung bereits abgeschlossen und treten nun an, ihr Lebenswissen an den unreifen Nachwuchs weiterzugeben, aus diesem sozusagen anständige Menschen zu machen.

Sehen Sie das Bild? Gut. Hier also die Kinder, die noch keine Moral kennen, keine Regeln beachten und die Fähigkeit zum Verzicht als eine der wichtigsten Tugenden erst erwerben müssen. Kinder möchten nämlich alles haben. Hier, jetzt und sofort. Ihnen gegenüber jene, die sie leiten sollen. Voller Reife, Disziplin und der Fähigkeit, zu entsagen. Ach so? Klar. Es sind doch Erwachsene. Niemals kämen diese auf die Idee, ein neues Handy, einen neuen Fernseher, einen neuen Computer oder ein neues Auto zu kaufen, das sie nicht wirklich unbedingt benötigen. Und viel weniger noch fiele ihnen jemals ein, sich das Geld zu borgen – sei es von Freunden, als Ratenkauf oder gar von der Bank –, nur um den Kauf auf der Stelle möglich zu machen. Erwachsene haben Verzicht gelernt. Die tun so etwas nicht. Sie gehorchen auch allen Regeln. Schneller als erlaubt mit dem Auto zu fahren käme ihnen genauso wenig in den Sinn, wie ohne vorherige Erlaubnis auch nur Lutschbonbons an sich zu nehmen. Es sei denn, andere täten vor ihnen das Gleiche. Aber das ist eine ganz andere Sache. Schließlich hat ihre Erziehung funktioniert! Ein komisches Bild, das ich Ihnen da zeige? Ich weiß. So wenig sie aber auch mit der Wirklichkeit zu tun hat, so sehr prägt diese Vorstellung seit langer Zeit das Erziehungsbild vieler Menschen und die Diskussionen darüber. Es ist so und nicht anders. Und es wird auch so bleiben. Wer nämlich den Mut hat, die heile Oberfläche der Erwachsenenwelt abzudecken und auch anzusprechen, worüber es nach Meinung so vieler nichts zu sprechen gibt, dem offenbart sich mit einem Schlag die gesamte, plötzlich ganz veränderte Szenerie. Mit ehrlichem Staunen muss der unvoreingenommene Betrachter nun erkennen, dass hier bei weitem nicht alles so ist, wie es sein sollte.

Viele Erziehende, so ist mit einem Mal ganz deutlich zu sehen, haben jenen Status, den sie von Kindern schon im frühen Alter erwarten, selbst nicht einmal annähernd erreicht.

Sie wären erschrocken, ja erzürnt, müssten sie ihr eigenes Verhalten bei Kindern beobachten. Schnell deckt unser Beobachter die Szene also wieder zu, und um seine eigenen Ansichten nicht zu gefährden, beschließt er, das soeben Gesehene im gleichen Moment auch wieder zu vergessen. In gewisser Hinsicht scheint dieses Verhalten natürlich notwendig und sogar gerechtfertigt zu sein. Ist doch Erziehung am Ende nichts anderes als die Nachahmung und die Weitergabe von vermeintlich richtigem Verhalten. Genau hier liegt aber das Problem. Der menschliche Geist ist träge und übernimmt lieber Fertiges, als selbst etwas Neues zu schaffen. Und so entspringt die Antwort auf die Frage, was nun richtig und was nun falsch ist, viel mehr anerzogenen, unreflektiert übernommenen Werten als eigenem Nachdenken und persönlicher Reflexion. Mit oft schlimmen Folgen. Ich will Ihnen ein Beispiel geben.

Die fatalen Folgen unreflektierten Handelns

Lange Zeit wurden Kinder, die als Linkshänder auf die Welt gekommen waren, zu Rechtshändern umerzogen. Das hatte weder medizinische noch psychologische Ursachen. Die linke Hand galt einfach in vielen Kulturen als unrein, und man war der Meinung, dass gesellschaftskompatible Rechtshänder es später einmal leichter hätten. Erwachsene hatten also als Kinder gelernt, dass das bevorzugte Benutzen der linken Hand falsch und das der rechten eben richtig wäre. Keiner der so Erzogenen hätte zwar jemals sagen können, warum dem so war, aber jeder von ihnen wusste, dass die für ihn getroffene Entscheidung die einzig richtige war. Und so wurde ungeachtet all der Nachteile, die viele »Umerzogene« am eigenen Leib verspürt hatten, dieser vermeintliche Fehler auch beim Nachwuchs behoben.

Wäre übrigens damals die Meinung der sogenannten Gesellschaft aufseiten der Linkshänder gestanden, würden die meisten von uns wohl heute mit der linken Hand schreiben. Reflexion und Nachdenken hätten hier mehr geholfen als blindes Nachahmen. Verstehen Sie mich bitte nicht falsch. Nachahmung an sich ist nicht das Problem. Jedes Lernen in der Natur beruht auf diesem wunderbaren Prinzip. Die Frage ist am Ende aber nicht, ob, sondern was wir nachahmen und warum wir es tun. Und genau bei dieser Überlegung gibt es einiges nachzuholen.

Der erste Schritt: das objektive Bewerten der eigenen Kindheit

Wenn ich mit Menschen über die Themen Erziehung und Kindheit spreche, habe ich oft das Gefühl, man könne die Befragten in zwei Gruppen einteilen. Die Mitglieder der ersten Gruppe hatten die beste, schönste und wunderbarste Kindheit, die vorstellbar ist. Umsorgt von gleichwohl gütigen wie strengen Eltern, die reichlich zu geben, aber auch hart zu strafen wussten, erlebten sie eine Erziehung, bei der alles richtig und nachahmenswert war.

Die Angehörigen der zweiten, nach eigenem Empfinden nicht so glücklichen Gruppe verbinden weder Gutes mit der eigenen Kindheit noch mit dem Erziehungsstil der Eltern. Sie würden nichts, aber auch gar nichts selbst genauso tun, wie es an ihnen getan wurde.

Sehr selten begegne ich Menschen, die ihre Gefühle gegenüber den Eltern und ihre Erinnerungen an die Kindheit von der Frage trennen können, wohin ihre Erziehung sie am Ende geführt hat. Genau diese Fähigkeit ist es aber, die uns in die Lage versetzt, unseren Kindern als reflektierte Erwachsene zu begegnen und ihre Erziehung nicht aus Nachahmung, sondern aus Überzeugung entstehen zu lassen.

Schließlich ist es eine unbestreitbare Tatsache, dass den Erziehenden mit allem, was sie sind, und mit allem, was sie zu dem gemacht hat, das sie sind, eine viel größere Rolle im Erziehungsspiel zukommt als den immer diskutierten Kindern. Zeit also, uns einmal genauer mit diesen Erwachsenen auseinanderzusetzen.

Ehre deine Eltern, aber hinterfrage ihren Erziehungsstil

Sie fragen sich, warum das, wenn es doch so wichtig ist, bis jetzt noch nicht passiert ist? Vielleicht weil viele Erwachsene daran gar nicht interessiert sind. Die meisten Menschen sind nämlich der Meinung, dass jede Kritik an der Pädagogik der Eltern gleichzeitig eine Kritik an diesen persönlich ist. Und Eltern haben schließlich mehr für uns getan, entbehrt oder sonst wie erlitten, als dass man als Kind irgendein Recht hätte, sie zu kritisieren. Mag sein. Tatsächlich aber geht es hier weder um unsere Eltern noch um Kritik.

Technik und Wirkung von Erziehung sind nicht untrennbar mit den Erziehenden verbunden, und Eltern, mit deren Erziehungsstil wir nicht übereinstimmen, sind deswegen weder schlecht noch böse.

Das Unvermögen oder auch der Unwille, diese beiden Themen zu trennen, führt aber in weiterer Folge zu der sehr unangenehmen Unfähigkeit, objektiv und ohne Emotionen über das Thema Erziehung und schließlich über sich selbst nachzudenken. Das ist wie bei vielem im Leben. Nehmen wir als Beispiel ein Kochbuch. Verfasst hat es ein sehr berühmter Fernsehkoch, den Sie sehr schätzen. Natürlich besorgen Sie das Buch umgehend und beginnen, die einzelnen Rezepte nachzukochen. Doch sosehr Sie den Verfasser auch schätzen, der in seiner wöchentlichen Fernsehshow immer so freundlich auf alle Fragen eingeht und der Ihnen auch sonst ein begeisternder Mensch zu sein scheint, das Essen, das Sie nach seiner Anleitung produzieren, schmeckt Ihnen überhaupt nicht. Nie würden Sie die Zutaten auf diese Art zusammenstellen. Wäre dieser Autor jetzt einer Ihrer Elternteile, und wären seine Rezepte Ihre Erziehung, würden Sie vielleicht sagen:»Irgendetwas muss ich beim Nachkochen falsch gemacht haben. Ich finde zwar überhaupt nicht, dass die Zutat Z hier passt, aber er ist der Koch, und er wird wohl wissen, warum er sie dazugibt. Jedenfalls gehe ich davon aus, dass er sich beim Zusammenstellen der Zutatenliste die größtmögliche Mühe gegeben hat. Der Fehler kann auf jeden Fall nur an mir liegen.« Vor Ihren Freunden würden Sie das Buch in höchsten Tönen loben.

Ist Ihnen umgekehrt der Autor aber nicht sympathisch, weil Sie ihn für arrogant und überheblich halten, werden Sie zu der Meinung kommen, dass er entweder gar nicht kochen könne, schlampig gearbeitet habe oder einfach sein Wissen über das Thema nicht weitergeben wolle. In ersterem Fall werden Sie also den Grund für Ihre Enttäuschung ausschließlich bei sich selbst suchen und das Buch allen Freunden und Bekannten mit großer Begeisterung empfehlen.

Im zweiten Fall werden Sie Ihrem Ärger über das überteuerte Buch so laut Luft machen, dass auch Ihr Umfeld von dem Buch die Finger lässt. Tatsächlich gefragt war aber keine der beiden Antworten. Schließlich waren Sie weder mit der Qualität der Rezepte unzufrieden, noch ist der

Autor ein besonders liebenswerter oder ein besonders böser Mensch. Alleine das Essen hat Ihnen nicht geschmeckt. Sie aber beurteilen am Ende nicht das Produkt, sondern den Menschen dahinter. Einzig für den Fall, dass Sie den Autor überhaupt nicht kennen, er also für Sie nichts weiter ist als ein unbedeutender Name, kommen Sie ganz plötzlich in die Lage, Fakten von Emotionen zu trennen. Sie sagen: »Das Rezept ist nicht mein Geschmack«, ändern es gegebenenfalls ab, und die Sache ist für Sie erledigt. Sehr ähnlich verhält es sich auch bei Kindern, wenn diese erwachsen werden.

Erziehende müssen irgendwann erkennen, dass nicht alles, was ihre Eltern behauptet, erzwungen oder verleugnet haben, sich im Leben auch bewahrheitet.

Nun weiß jeder aus eigener Erfahrung, wie schwer man sich von hinderlichen Ansichten und Gewohnheiten trennen kann, die man in der Kindheit und Jugend erworben hat. Vor allem wenn diese Einsichten nicht von irgendwem, sondern von den eigenen Eltern stammen und daher ja gar nicht falsch sein können. So leiden Menschen oft noch im hohen Alter unter dem erzieherischen Erbe ihrer Eltern und der eigenen Unfähigkeit, diese abzulegen, aus lauter Angst, diesen zu widersprechen.

Ich erinnere mich noch gut an einen Kursteilnehmer, dessen sehnlichster Berufswunsch es schon als Jugendlicher war, Fotograf zu werden. Da seine Eltern aber strikt dagegen waren, erlernte er einen ungeliebten Beruf in der Versicherungsbranche und blieb diesem über dreißig Jahre lang treu. Erst nach dem Tod beider Eltern beschloss er, sich, mit fast sechzig Jahren, seinen Jugendtraum zu erfüllen, hängte den alten Beruf an den Nagel und begann eine Ausbildung als Fotograf. Wenn auch, trotz großer Begabung, ohne wirklichen Erfolg. Zu übermächtig waren die Zweifel, ob es nicht falsch sei, gegen die Bestimmung der Eltern zu handeln. Und zu stark die Gewissheit, dass gerade seine Eltern wohl am besten gewusst hätten, wo die Begabungen ihres Kindes lagen.

Wohin hat Sie Ihre Erziehung gebracht?

Lassen Sie uns an dieser Stelle noch einmal eine sehr wichtige Sache sehr deutlich auf den Punkt bringen: Wenn Sie mit mir über Erziehung nachdenken, sollen Sie weder Ihre Eltern noch deren Erziehungsstil bewerten oder gar kritisieren. Es geht hier nicht um die Frage, ob das, was gewesen ist, gut oder schlecht, ob es richtig oder falsch war. Was war, ist nicht mehr zu ändern und bleibt hier aus dem Spiel. Ihre Eltern haben ihren Auftritt gehabt, jetzt sind Sie an der Reihe.

Worüber Sie nachdenken sollen, ist vielmehr die Frage, wohin welche erzieherischen Techniken und Lebensumstände Sie selbst geführt haben und wohin diese Ihre Kinder führen werden. Sie sollen verstehen, was davon sich so bewährt hat, dass Sie es unverändert weitergeben können, aber auch, wo Spielraum und wo vielleicht sogar Bedarf für die eine oder andere Veränderung ist.

Die Stärken und Schwächen einer Technik zu erkennen hat nichts mit Bewertung jener Menschen zu tun, die sie anwenden. Wir könnten aber auch die vorher erwähnten

Rezepte nicht in unserem Sinn verbessern, dürften wir nicht darüber reden, was uns daran nicht schmeckt. Es ist also für den Moment gleichgültig, ob Sie die besten oder die schrecklichsten Eltern der Welt hatten.

Es ist übrigens auch egal, was Experten sagen. Das ist wie bei einem Sportler. Sobald der Wettkampf beginnt, endet die Frage, ob die Methoden des Trainers optimal waren. Jeder schaut nur noch auf die Leistung des Athleten. Genauso sind hier jetzt Sie an der Reihe. Für das, was Sie von nun an tun, ist niemand anderer verantwortlich als Sie selbst.

Es gibt da noch etwas anderes, das mich an dieser so strikten Weltentrennung immer wieder erstaunt.

Alle Erwachsenen – auch wenn es heute nicht mehr viele wissen wollen – haben auf dem Weg zu dem, was sie heute sind, die Welt der Kinder durchquert. Mehr noch. Sie haben in dieser Welt gelebt und waren ein Teil von ihr. Warum wollen sich so viele heute nicht mehr daran erinnern?

Es scheint da einen Punkt zu geben, an dem ein Mensch erwachsen wird. Als würde ein Schalter umgelegt, denkt, fühlt und spricht er von diesem Zeitpunkt an nur noch wie ein Großer. »Kind?«, so vermeint man dann zu hören, »Was, ich war ein Kind? Na ja, das ist aber schon sehr lange her!«

Wie lange das her sein muss, verstehe ich jedes Mal, wenn ich wegen offensichtlicher Ungerechtigkeiten weinende Kinder ihren schimpfenden Eltern gegenüberstehen sehe. Was, so frage ich mich dann, wird die Zeit aus diesem Wesen machen? Werden sich die Rollen umkehren, und wird auch dieser Junge oder dieses Mädchen einmal als übermächtiger Erwachsener sich voller Zorn und Unverständnis zu einem schluchzenden Kind hinunterbeugen, um ihm die Konsequenzen seines Handelns lautstark ins Ohr zu flüstern? Ich hoffe nicht.

»Was du nicht willst, das man dir tu', das füg' auch keinem anderen zu ...«

Selbst jene, die eine schwierige Kindheit hinter sich gebracht haben, denken oft plötzlich ganz anders über die an ihnen angewandten Erziehungsmaßnahmen. Dass man manches erst aus der Distanz der Jahre besser verstehen und beurteilen kann, ist klar. Dagegen ist auch nichts einzuwenden. Problematisch wird es dort, wo man offensichtliches elterliches Fehlverhalten in eine wichtige erzieherische Erfahrung umdichtet, die man auch den eigenen Kindern zukommen lassen möchte.

So hatte der Bruder eines großen Musikers, dessen Vater für seine besonders gewalttätige Erziehung weltweit berühmt geworden ist, als Erwachsener die gar merkwürdige Einsicht, dass das Verhalten des Vaters das einzig Richtige, ja sogar das einzig Mögliche gewesen sei. »Anders«, so meinte er einmal, »wären wir wohl nicht zu bändigen gewesen.« So Sie jetzt zustimmend mit dem Kopf nicken und das Gleiche über Ihre eigenen Eltern denken, beantworten Sie mir doch bitte eine Frage: Haben Sie das als Kind auch so gesehen? Waren Sie auch damals dankbar für Strafen und vielleicht sogar Züchtigungen und haben die strenge Hand Ihrer Erzieher oder Lehrer gelobt?

Halten Sie bitte einen Moment inne, und bringen Sie sich in eine schwierige Situation Ihrer Kindheit zurück. Wie fühlen Sie sich? Wie geht es Ihnen dabei? Versuchen Sie jetzt jenen Punkt zu finden, an dem sich Ihre Meinung geändert hat. Warum war das so? Vielleicht sagen Sie jetzt: »Weil ich eben erwachsen geworden bin und verstanden habe, dass diese Erziehung eine Vorbereitung auf das eigentliche Leben war.« Ach so. Damit wir uns nicht missverstehen: Richtig angewandt ist Erziehung eine ganz wunderbare und sehr notwendige Angelegenheit, die das Überleben eines Menschen auf dieser Welt erst ermöglicht. Richtig angewandt, das bedeutet nicht, den anderen tun und machen zu lassen, was er will. Gute Erziehung hat damit genauso wenig zu tun wie Freiheit mit Grenzenlosigkeit. Wenn wir aber ehrlich über Kinder und über die Frage nachdenken möchten, wie wir sie in ein freies, glückliches Leben führen können, dann dürfen wir das nicht als Erwachsene tun.

Wir müssen mit unserem Wissen als Erwachsene in die Welt der Kinder zurückkehren und ihnen dort auf Augenhöhe begegnen.

Denn gleichgültig, wie Sie heute über Ihre eigene Kindheit denken: Was Ihnen einmal Unverständnis, Trauer oder gar Schmerzen bereitet hat, hat zumindest die gleiche Wirkung auf jene Menschen, die Sie jetzt ins Leben führen.
Sobald Sie aber ein bisschen ehrlich zu sich selbst sind, können Sie nicht mehr sagen, Sie hätten das nicht gewusst. Spätestens jetzt ist es Ihnen bekannt. Nun bringt die Möglichkeit, einen Menschen fürs Leben zu formen, auch eine große Verantwortung mit sich. Wie groß diese wirklich ist, können Sie daran sehen, dass Sie sich jetzt vielleicht gegen meine Formulierung »formen« wehren.
Ob wir es aber wollen oder nicht, wer auf einen anderen

Menschen Einfluss hat, verändert diesen und prägt ihn. Was ein Mensch wird, ist immer eine Mischung aus dem, was ihm angeboren ist, und der Frage, was seine nahe Umgebung dann daraus macht. Gäbe es diesen Einfluss nicht, und wäre das Wesen eines Menschen reine Veranlagung, müsste aus einem Kind der gleiche Erwachsene werden, egal bei wem und wo es auf der Welt aufwächst. Auch Sie wären nicht der gleiche Mensch, wären Sie bei anderen Eltern oder gar in einer anderen Kultur groß geworden. Natürlich hat nicht alles, was jemand wird, seinen direkten Ursprung in der Erziehung. Aber genauso natürlich wird dort der Grundstein gelegt, das Feld bereitet für die Früchte, die dort im Laufe eines Lebens heranwachsen werden.

Es liegt einzig in der Macht eines Erziehenden, einem Kind für sein späteres Leben Möglichkeiten zur Entfaltung zu geben oder ihm diese für immer zu nehmen.

Angenommen, ich käme morgen zu Ihnen mit dem Angebot, mich um die Entwicklung Ihres Kindes zu kümmern. Bevor Sie mir diese Aufgabe übertragen, würden Sie mich mit sehr großer Wahrscheinlichkeit zu einem Vorstellungsgespräch einladen, um mehr über mich, meine Persönlichkeit und meine Fähigkeiten zu erfahren. Das ist ein ganz normaler Vorgang, wie er auch in jedem Unternehmen üblich ist. Ob ich Universitätsprofessor, Reiseleiter oder Fließbandarbeiter werden wollte, immer würden meine zukünftigen Vorgesetzten einiges über mich wissen wollen. Auch falls ich in einem Kurs Trainer wäre, den Sie als Teilnehmer besuchten, wollten Sie mit Sicherheit vorher von mir wissen, was mein Weg und was meine Ziele sind. Auf genau dieses Bewerbungsgespräch hat die Natur bei Erziehenden erstaunlicherweise verzichtet.

Wer aber andere Menschen führen will, muss in der Lage und bereit sein, über sich selbst nachzudenken. Das ist gerade in der Erziehung unglaublich wichtig. Vor allem wenn Sie, wie schon gesagt, aus Überlegung und nicht aus sturer Überzeugung erziehen möchten. Falls Sie aber nicht einmal selbst wissen, warum Sie in einer Situation auf eine bestimmte Art handeln, wie wollen Sie das dann Ihrem Kind erklären und weitergeben?

Kinder als Reiseleiter in das Leben begleiten

Würde ich Sie nun in einem Bewerbungsgespräch danach fragen, was Ihre wichtigste Qualifikation als Erzieher ist, käme sehr wahrscheinlich die Antwort, dass Sie ja selbst erzogen worden sind. Gut. Lassen Sie mich das einmal etwas anders formulieren: Sie haben sicherlich schon einmal bei einer Erziehung zugesehen, haben diese sozusagen aus der Sicht eines Kunden erlebt. Würden Sie aber, so fragt Peter Paulig in seinem Kinderversteherbuch, Ihr Leben einem Piloten anvertrauen, der zwar noch nie selbst ein Flugzeug gesteuert, aber schon viele Flüge als Passagier absolviert hat? Wohl kaum. Worin nun Ihre Qualifikation bestehen sollte, fragen Sie mich? Piloten, Ärzte, Reiseleiter – sie alle machen Kurse, lesen Bücher oder eignen sich sonst das Wissen anderer Menschen an. Das Problem ist nun, dass es für Ihre spezielle Aufgabe nichts von alledem gibt.

Als Erziehender sind Sie wie ein Reiseleiter,
der seine Gruppe in ein bis dato unbekanntes Gebiet führt.

Natürlich kann ein Reiseleiter sich Literatur besorgen, um nachzulesen, wie man grundsätzlich eine Reise leitet oder wie man am besten mit Gästen umgeht. Sobald er aber einmal sein Zielgebiet erreicht hat, ist er ganz auf sich alleine gestellt.

Da noch niemand dort gewesen ist, gibt es auch keine Beschreibungen und nichts, was ihm konkret helfen könnte. Seine wirkliche Vorbereitung wird also darin bestehen, sich seiner eigenen Stärken und Schwächen bewusst zu werden und zu versuchen, im Kopf jene Situationen durchzuspielen, die ihm auf dieser Reise begegnen könnten. In genau dieser Lage sind Sie nun als Erziehender. Sie können alle Bücher über dieses Thema gelesen und alle Studien der Welt absolviert haben, und doch wird Ihnen niemand sagen können, wie konkret Sie Ihr Kind erziehen sollen. Dieses Wesen ist so einzigartig, dass nicht einmal Sie es wirklich kennen. Wie sollte das dann jemandem anderen möglich sein?

Nehmen Sie jetzt bitte Ihr Notizheft, und schreiben Sie auf die erste Seite: »Meine Erziehungsziele«. Darunter notieren Sie ganz spontan jene fünf Dinge, die Sie als wichtigste Ergebnisse einer guten Erziehung sehen. Schreiben Sie bitte nicht das auf, von dem Sie glauben, dass es irgendjemand anderer lesen möchte. Es ist Ihr Notizheft, das sonst niemand zu sehen bekommt. Seien Sie also ehrlich. Etwa in die Mitte der Seite schreiben Sie bitte: »Meine Erziehungsmethoden«, und darunter fünf Techniken, die Ihrer Meinung nach am besten geeignet sind, die Erziehungsziele zu erreichen. Ich werde Sie im Laufe des Buches das eine oder andere Mal auffordern, zu diesen Einträgen zurückzukehren und vielleicht zu erleben, dass sich mit dem Standpunkt des Betrachters auch die Sicht der Dinge ändert.

Lassen Sie mich noch etwas anderes fragen. Ist Ihnen eigentlich bewusst, wie sehr das Wesen und die Ansichten jener, die Sie in die Erwachsenenwelt begleitet haben, Ihr eigenes Wesen beeinflusst haben? Nehmen Sie noch einmal Ihr Notizheft und teilen eine Seite in drei Spalten. Schreiben Sie in die linke Spalte untereinander fünf Dinge, die Sie an sich besonders gut finden. Das können Fähigkeiten genauso sein wie vermeintliche Charakterzüge. Darunter schreiben Sie bitte fünf Eigenschaften, die Sie bei sich selbst lieber nicht sähen. In der zweiten Spalte machen Sie jetzt neben jeden Eintrag, von dem Sie meinen, dass Sie diese Eigenschaft durch Erziehung erhalten haben, ein Kreuz. Nicht vergessen, ehrlich sein. Nun machen Sie bitte in der dritten Spalte überall dort ein Kreuz, wo Sie die gleiche oder die exakt gegenteilige Eigenschaft auch bei einem Ihrer Elternteile oder ehemaligen Erziehungsberechtigten vorfinden. (Warum die gegenteilige? »Gerade das Gegenteil tun heißt auch nachahmen«, hat Georg Christoph Lichtenberg einmal gesagt, »es heißt nämlich das Gegenteil nachahmen.«)

Wie gefällt Ihnen das Ergebnis? Erstaunt es Sie? Mich nicht. Denn die Kunst der Selbstreflexion möchte uns lehren, über uns selbst, unsere Ursprünge und über die Motivation, aus der wir bestimmte Dinge tun, nachzudenken.

Selbstreflexion meint, sich bewusst zu machen, was man durch die eigene Erziehung geworden ist. Genau dadurch erzieht man nämlich am allermeisten.

DIE EIGENE ERZIEHUNG ÜBERDENKEN

Die folgenden Fragen sollen Ihnen helfen, sich Ihre Ansichten über Erziehung bewusst zu machen.

Hätten Sie selbst sich zu dem Menschen erzogen,
der Sie heute sind?

....

Wann wurden Sie erwachsen?

....

Beschreiben Sie in fünf Worten den Erziehungsstil Ihrer Eltern.

....

Was hätten Sie als Kind leichter lernen können als im
Erwachsenenalter?

....

Warum haben Sie es nicht gelernt?

....

Welche fünf Eigenschaften hat ein idealer Erzieher?

....

Was unterscheidet ein Kind von einem Erwachsenen?

....

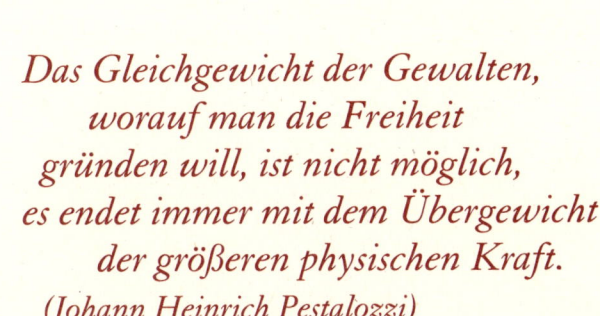

Das Gleichgewicht der Gewalten,
worauf man die Freiheit
gründen will, ist nicht möglich,
es endet immer mit dem Übergewicht
der größeren physischen Kraft.
(Johann Heinrich Pestalozzi)

Die Kunst der Magie

2. Die Kunst der Macht

*Viel ist daran gelegen, dass man den Kindern
freundliche Lehrer und Erzieher gibt. Alles
richtet sich nach seiner Umgebung, was noch
nicht erstarkt ist. (Lucius Seneca)*

Lerne, die dir gegebene Macht zum Wohle deines Kindes zu nutzen.

Macht. Ein kaltes, schwieriges Wort. Etwas, mit dem kaum einer offen etwas zu tun haben will. Gleichzeitig aber auch etwas, das uns so selbstverständlich umgibt wie die Luft zum Atmen. Etwas, das wir ständig ausüben. Oft ohne es zu wollen, und noch öfter, ohne es zu wissen.

Was hat ein Kapitel über Macht in einem Buch über Erziehung zu suchen? Viel. Sehr viel. Selbst wenn mancher Leser denken mag: »Macht über Kinder? Warum sollte ich das wollen? Ich will meine Kinder mit Liebe und nicht mit Macht erziehen!« Sollen Sie auch nicht. Trotzdem haben Liebe und Macht weder etwas miteinander zu tun, noch schließen sie sich gegenseitig aus. Wie sonst könnte ich jemanden lieben und ihn gleichzeitig verletzen, ohne es zu wollen? Ganz einfach: weil ich mir meiner emotionalen Macht nicht bewusst bin. Tatsächlich ist Macht etwas, das uns in gewissen Situationen sozusagen vom Universum gegeben wird. Sie ist ein derart wichtiges Ordnungswerkzeug der Natur, dass wir die Annahme gar nicht verweigern können. Gleich, wie sehr Sie sich auch dagegen wehren oder aufbegehren möchten:

Wer führt, hat immer Macht über jene, die von ihm geführt werden. Da macht es keinen Unterschied, ob es sich dabei um Kinder oder um Erwachsene handelt. Macht an sich ist weder gut noch böse. Macht über andere Menschen zu haben ist also nicht schlecht, es ist einfach unvermeidlich.

Die Frage ist alleine, wie man mit seiner Macht umgeht. Ob man sie in Liebe zu gebrauchen versteht oder aus Unwissenheit oder Gier missbraucht. Oder schlimmer noch, sie verleugnet oder ignoriert, weil man sie eben nicht möchte. Das wäre gerade so, als gingen Sie mit einer brennenden Fackel durch eine dichte Menschenmenge und wären sich dessen nicht bewusst.

Die Mechanismen von Macht begreifen

Gerade in einer Erziehungssituation übt man seine Macht ständig aus. Sei es durch Tun oder aber durch Nicht-Tun. Nehmen wir an, vor Ihnen steht ein Topf mit Blumen, die kurz vor dem Vertrocknen sind. Es liegt nun in Ihrer Macht, diese zu gießen und damit am Leben zu erhalten, oder aber es nicht zu tun und sie vertrocknen zu lassen. Da muss gar keine böse Absicht dahinterstecken. Es reicht schon, wenn Sie einfach gar nicht an die Blumen denken. Das Leben der Blumen liegt jedenfalls in Ihrer Hand.
In genau dieser Position befindet sich auch ein kleines Kind. Es muss Ihnen vertrauen und ist von Ihnen abhängig. Um nicht zu sagen, es ist Ihnen ausgeliefert. Denn so eigenartig

dieser Gedanke auch sein mag, wissen wir doch alle aus traurigen Berichten, dass die Macht von Erziehenden bis zur Entscheidung über Leben und Tod geht.

Selbstredend geht mit dieser ungeheuren Fülle an Macht und der Freiheit, diese nach eigenem Gutdünken zu nutzen, eine ungeheure Verantwortung einher. Grund genug, ein wenig darüber nachzudenken.

Was Abhängigkeit bedeutet

Grundsätzlich gibt es zwei Faktoren, die ein Machtverhältnis entstehen lassen: Abhängigkeit und Vertrauen. Lassen Sie uns das mal näher betrachten. Mit großer Wahrscheinlichkeit gehen Sie jeden Morgen in die Arbeit. Das tun Sie nicht unbedingt, weil Sie nichts Besseres zu tun hätten, sondern weil Sie dafür Geld bekommen, das Sie zum Leben brauchen. Genau dadurch aber sind Sie nun von Ihrem Arbeitgeber abhängig. Er hat Macht über Sie. Tun Sie nämlich nicht so, wie er es möchte, kann er Ihnen einfach die Bezahlung verweigern. Sie können jetzt einwenden, dass Sie in diesem Fall ja zu Gericht gehen und dort das ausständige Geld einklagen könnten. Das ist fraglos richtig. Aber Sie wissen genauso gut wie ich, dass es sich hierbei um eine langwierige Angelegenheit handelt und Sie das Geld folglich erst sehr spät bekommen werden. Können Sie nun mangels Ersparnissen die Miete, Versicherung oder was auch immer nicht bezahlen, steht Ihnen eine Menge Ärger ins Haus, für den Sie ursächlich gar nichts können. Nun ist es aber umgekehrt auch nicht so, dass Arbeitgeber Mitarbeiter nur einstellen, weil sie nicht wissen, was sie sonst mit dem Geld anfangen sollten. Hier beginnt jetzt Ihre

Macht. Denn wer immer Sie bezahlt, tut das, weil er am Ende auf Ihre Leistung angewiesen ist. Zahlt der Arbeitgeber also nicht, dann reicht vereinfacht gesagt die Drohung, dass mit dem Geld auch die Leistung wegfällt. Das Machtspiel bekommt dadurch ein Gegengewicht und wird uninteressant.

Ein Gegenpol, der einem Kind fehlt. Dieses befindet sich in einer Situation, in der es der Macht seines Gegenübers nichts entgegensetzen kann. Diese Wehrlosigkeit hat aber weniger damit zu tun, dass es ein Kind ist, sondern einfach mit der ungünstigen Position, in der es sich befindet. Selbst als Erwachsener hätten Sie nämlich an seiner Stelle keine Chance. Ich will es Ihnen zeigen. Stellen Sie sich vor, Sie machen eine Reise an das andere Ende der Welt, um den weltberühmten Tempel T zu sehen. Am Anfang läuft das Programm noch so, wie es soll. Als aber der Tag kommt, an dem die Besichtigung des Bauwerks ansteht, weigert sich der Reiseleiter plötzlich, Sie dorthin zu bringen. Und: Sie können ziemlich wenig dagegen tun. Sollten Ihnen jetzt spontan Ideen wie »Beschwerde beim Reiseveranstalter« kommen: Tun Sie das ruhig. In der konkreten Sache wird es Ihnen aber herzlich wenig nützen. Dazu müssen Sie nämlich zuerst wieder zu Hause sein. Selbst wenn Sie also später Ihr Geld zurückbekommen und der Reiseleiter entlassen wird: Den Tempel sehen Sie trotzdem nicht. Stimmt schon, denken Sie jetzt vielleicht, ich könnte aber noch einmal die Strapazen der Reise auf mich nehmen und den Ort mit einem anderen Reiseleiter besuchen. Was aber, wenn Sie bei Ihrer Rückkehr von der missglückten Reise zu Hause mit der Frage empfangen werden: »Ich hoffe einmal, du hast den Tempel T noch gesehen. Der ist nämlich gestern bei einem Erdbeben eingestürzt!« Dann sind Sie in jener Lage, in der sich ein Kind befindet, das missbrauchte Macht ertragen muss. Es gibt nichts im Leben, das man ungeschehen machen kann.

Auf der anderen Seite gibt Ihnen die Abhängigkeit Ihres Kindes die Macht darüber, zu bestimmen, in welche Richtung das Kind in seinem späteren Leben gehen wird. Natürlich können Sie nicht genau festlegen, wie Ihr Kind einmal werden wird. Aber Sie haben zumindest großen Einfluss auf seine Entwicklung. Überschätzen Sie diesen nicht, unterschätzen Sie ihn aber auch nicht.

Lassen Sie uns zur Veranschaulichung beim Beispiel des Reiseleiters bleiben. Abgesehen davon, dass auf einer Tour natürlich alle Orte besucht werden müssen, die das offizielle Reiseprogramm vorschreibt, gibt es ja auch noch jene Plätze, die in keinem Reiseführer stehen. Diese kennt nur ein einheimischer Tourguide. Genau diese Orte sind es nun, die nicht jeder zu sehen bekommt und die Ihre Reise einzigartig machen. Zu einem großen Teil wird auch der Eindruck, den Sie von dem bereisten Land mitnehmen, von der Frage abhängen, was Sie neben den großen Sehenswürdigkeiten noch gesehen haben. Waren Sie mit Reiseleiter G in den ausgedehnten grünen Parkanlagen am Rand dieser auf den ersten Blick so grauen Stadt? Oder hatten Sie den Kollegen R, der diese Parkanlage, die übrigens nicht im Programm steht, so gar nicht mag und diese daher auch nicht in seine Führungen einbaut? Dann werden Sie nie erfahren, dass dieses riesige Waldstück existiert, und auch nie die Gelegenheit bekommen, sich über diese Gegend Ihre eigene Meinung zu bilden. So wie dem ahnungslosen

Reisenden ergeht es auch allen Kindern. Wer zum Beispiel in einem Land aufwächst, in dem das Christentum Staatsreligion ist, wird darüber sehr viel und über die anderen Religionen nur am Rande erfahren. Sind Eltern jedoch der Meinung, dass Gott nur eine böse Erfindung der Kirche ist und in Wirklichkeit gar nicht existiert, werden diese auch ihre Macht über das Kind nutzen und es von jeder Berührung mit diesem Thema abhalten.

Ich habe in diesem Zusammenhang ganz bewusst das Thema Religion gewählt. Nirgendwo anders gibt es schließlich so viele verschiedene Meinungen und gleichzeitig so viele verschiedene Wahrheiten. Und nirgendwo anders kann man die Macht der Erziehenden so schauerlich eindrucksvoll erkennen wie hier. Ich erinnere mich noch sehr genau an eine Dokumentation über Kinder, die bereits im sehr zarten Alter wussten, dass die Aufgabe ihres jungen Lebens nur darin bestehen konnte, es als Selbstmordattentäter baldmöglichst wieder zu beenden. Nur über den Tod mit der Bombe, so erklärte ein junges Mädchen mit selbstverständlicher Überzeugung, führe der direkte Weg ins Paradies. Gott, so meinte das Kind, wolle es so und habe sie dazu auserkoren, ebendiesen Weg zu gehen. Daneben saß die Mutter und weinte. Nicht aus Trauer oder gar Entsetzen, wie man vielleicht annehmen könnte. Sie weinte vor Freude darüber, auserwählt zu sein, einer Märtyrerin das Leben geschenkt zu haben. »Wissen diese Menschen eigentlich nicht«, war die erste Frage, die mir durch den Kopf ging, »dass ihr Handeln im Grunde sinnlos ist?« Natürlich wissen sie das nicht. Sonst würden sie es ja nicht tun. Warum aber, so muss man sich dann fragen, erkennen wir diese Sinnlosigkeit sehr wohl, diese Kinder aber nicht? Weil jene, so die einfache Antwort, die uns erzogen haben, zumindest in diesem Punkt mit ihrer Macht verantwortungsvoller umgegangen sind als Generationen von Eltern in diesem Land. Trotzdem kann man hier niemandem wirklich einen Vorwurf machen. Abgesehen davon, dass die Eltern dieser Kinder selbst nichts anderes gelernt haben, hatten sie auch nie die Möglichkeit, ihre Meinung in einem größeren Umfeld zu überprüfen oder zu diskutieren. Das ist aber jetzt kein spezielles Problem spezieller Länder. In diesem Fall würde ich Ihnen das gar nicht erzählen. Es ist ein generell menschliches Problem. Macht entsteht nämlich, wie ich vorher schon geschrieben habe, auch durch Vertrauen.

Kinder schenken grenzenloses Vertrauen

Versetzen Sie sich doch einmal in die Situation des jungen Mädchens, welches zur Märtyrerin erwählt wurde. Nehmen wir also an, Sie hätten Ihren Geburtsort noch nie verlassen. Einen Fernseher haben nicht einmal die ganz Reichen im Dorf, und vom Internet haben Sie so und so noch nie etwas gehört. Alles, was Sie über fremde Länder wissen, ist das, was ich Ihnen erzähle. Wenn ich Ihnen nun sagte, dass in der letzten Woche auf einem fernen Kontinent Außerirdische gelandet seien, Sie müssten und würden es mir glauben. Welche Motivation hätten Sie anderseits aber auch, meine Aussage zu bezweifeln?

Wer vertraut, ist manipulierbar.

Sie auch, so ganz nebenbei bemerkt. Oder überprüfen Sie alles, was in der Zeitung steht? Auch alles, was Ihnen ein

Arzt, Rechtsanwalt oder ein Geschichtsprofessor erzählt? All diese Menschen haben Macht über Sie, weil Sie ihnen vertrauen. Das ist keine Schwäche, das ist menschlich. Schließlich bleibt Ihnen am Ende gar nichts anderes übrig, weil Sie ja gar nicht alles überprüfen können. Selbst der große römische Feldherr und Diktator Julius Caesar wurde auf diese Art zum Opfer. Seit nunmehr fast 2000 Jahren lachen Schüler im Lateinunterricht über die Leichtgläubigkeit dieses großen Feldherrn. Hatte ihm doch ein Reisender erzählt, dass es in Germanien bunte Tiere gebe, deren Beine ohne Knöchel und Gelenke seien und die, einmal umgeworfen, nicht mehr auf die Beine kämen. Deshalb, so war Caesar bis zu seinem Tod überzeugt, müssten diese armen Wesen an Bäume gestützt schlafen und wären eine leichte Beute für ihre Jäger. Caesar war von dieser Fehlinformation so beeindruckt, dass er sie in seinen Tagebüchern vom »Gallischen Krieg« im ganzen Reich verbreiten ließ …

Kinder brauchen Vorbilder

Im vorigen Kapitel habe ich geschrieben, dass das Wesen der Erziehung auf der Technik der Nachahmung beruht. Das ist keine menschliche Erfindung, sondern wie Macht ein wichtiges Prinzip der Natur. Auch Sie haben viel von Ihrem heutigen Verhalten durch Imitation jener erlangt, zu denen Sie aufgeschaut haben. Mit Sicherheit haben Sie dabei auch die eine oder andere Eigenschaft von Menschen kopiert, die sich dieses Merkmals selbst überhaupt nicht bewusst waren. Ein oft übersehener Teil der Macht von Erziehenden liegt somit darin, dass diese selbst zu Nachgeahmten werden.

Wenn ein Erziehender etwas tut, so denkt ein Kind zwangsläufig,
dann muss das richtig sein. Zwangsläufig deshalb, weil das Kind ja
sonst auf gar nichts vertrauen könnte.

Wenn es nicht einmal derjenige richtig macht, der es lenkt, wer dann? Aber ganz abgesehen davon: Welchen Grund hätte ein junger Mensch überhaupt, an der Richtigkeit des Verhaltens eines Erziehenden zu zweifeln? Bei anderen Menschen, so scheint es, ist den Erwachsenen dieses Problem durchaus bewusst. Nur eben nicht bei ihnen selbst. Schafft es jemand zum Beispiel, als Star ins Blickfeld der Öffentlichkeit zu gelangen, muss er sich darüber im Klaren sein, dass seine Handlungen von nun an Vorbildwirkung haben. Er wird also von nun an anders beurteilt als zuvor. Ich erinnere mich in diesem Zusammenhang an den Fall eines sehr erfolgreichen Sportlers. Begonnen hatte sein Abstieg damit, dass er auf die vermeintlich harmlose Frage eines Radiomoderators, ob er jemals Drogen probiert hätte, folgende verhängnisvolle Antwort gab: »Ja, einmal in meiner Jugend. Aber es waren keine harten Drogen. Ich denke aber, das tut wohl jeder.« Die Konsequenzen dieser ehrlichen Aussage waren überraschend hart. An dem Sportler, der plötzlich als das Jugendidol schlechthin galt, wurde ein Exempel statuiert. Die Starterlaubnis wurde ihm entzogen, er wurde umgehend aus seinem Sportverband ausgeschlossen, und erst seine Drohung, nötigenfalls für ein anderes Land anzutreten, brachte ihm die Verbandsmitgliedschaft zurück. Mir geht es in dem konkreten Fall nicht um die Frage nach den Drogen. Nicht einmal um die Frage, ob man als Spitzensportler zugeben darf, jemals welche konsumiert zu haben.

Worauf ich Sie eigentlich aufmerksam machen möchte, ist die Tatsache, dass Sie für jene Menschen, die Sie ins Leben führen, genau ein solches Idol sind. Wie bei jedem anderen Star auch, werden diese Ihnen alles nachmachen.

Und für den Fall, dass Sie sich, wie oben erwähnter Sportler, der unglaublichen Macht dieser Vorbildwirkung nicht bewusst sind, werden Sie mit den Konsequenzen leben müssen. Es kommt aber noch etwas erschwerend dazu. Ein Star ist zwar grundsätzlich ein Vorbild, aber doch immer abgehoben. Auch Kinder wissen, dass so jemand in einer eigenen Welt lebt. Ganz anders hingegen Sie. Sie leben in der gleichen Welt. Daher wird ein Kind auch alles, was ein Erziehender tut, als normal empfinden und selbstverständlich nachahmen. Ganz ohne sich zu überlegen, welche Wirkung sein Verhalten auf die Umwelt hat. Aber: Warum sollte es das auch? Für ein Kind ist das so, als kämen Sie in eine Gegend, in der, wie Sie mit gewissem Erstaunen feststellen, die Menschen nur schreiend miteinander kommunizieren. Nicht aus Zorn oder Aggression, sondern weil das dort so üblich ist. Wirkt auch diese Form der Kommunikation auf Sie anfangs befremdlich aggressiv, nach einiger Zeit werden Sie das Schreien als normal empfinden.

Angenommen nun, Sie kommen nach achtzehn Jahren Aufenthalt in dieser Gegend wieder zurück in Ihre alte Heimat. Schreien und angeschrien zu werden ist Ihnen so selbstverständlich geworden, dass Sie auch in Ihrer neuen Umgebung auf diese Art kommunizieren. Mit Verwunderung stellen Sie aber fest, dass sich die Menschen vor Ihnen fürchten und sich von Ihnen abwenden. Und das, obwohl Sie ihnen ja gar nichts Böses tun! Wie fühlen Sie sich? Genauso ergeht es Kindern, die regelmäßig von Erwachsenen beleidigt oder kritisiert werden. Aus der anfänglichen Kränkung wird nach einiger Zeit Normalität und selbstverständlicher Umgang. Werden diese Kinder nun erwachsen, beleidigen und kränken sie natürlich selbst. Ohne es aber eigentlich zu meinen oder gar zu wollen. Anders ausgedrückt, wissen diese Menschen gar nicht, wie verletzend sie sind. Gleichzeitig sind sie aber ihrerseits gekränkt über die Reaktionen ihrer Umwelt, von der sie sich unverstanden fühlen. Was sie wiederum zornig macht.

Negative Macht: unkontrolliertes Vertrauen

Bleiben wir noch kurz beim Thema Beleidigung. Auch jemanden beleidigen zu können ist eine Form von Macht. Sehr oft entsteht diese aus unkontrollierter Vertrautheit. Ich kenne viele Menschen, die meinen, man solle sich Personen, die man zu führen habe, nicht allzu persönlich nähern. Als eines der wichtigsten Mittel, um zu seinen »Untergebenen« die nötige Distanz zu halten und ein gewisses sprachliches Entgleiten von vorneherein zu unterbinden, gilt das strikte Beibehalten des »Sie«. Jemandem das Du anzubieten, ist mit der Begründung zu vermeiden, dass man immer noch leichter »du Trottel« sagt als »Sie Idiot«. Ein Schutz, den ein Kind grundsätzlich einmal nicht hat. Weshalb ich ihn auch hier anspreche. Nein, Sie sollen Ihr Kind natürlich nicht grundsätzlich siezen. Wenn Sie aber das nächste Mal wieder furchtbar sauer sind, weil Ihr Sprössling alles außer dem tut, was Sie erwarten, und Sie im Begriff sind, ihm Worte an den Kopf zu werfen, die Ihnen nachher leidtun werden, zügeln Sie Ihre Wut. Beruhigen Sie sich, auch wenn es schwierig ist.

2. Die Kunst der Macht

Nehmen Sie dann Ihr Notizheft, und verfassen Sie eine kurze Notiz aus der Distanz. Schreiben Sie Ihrem Kind einen Brief, in dem Sie Ihren Unmut schildern. Erklären Sie, was Ihnen nicht passt und warum das so ist, behandeln Sie es aber wie einen Vorgesetzten. Sprechen Sie es mit »Sie« an, und schreiben Sie nichts, was Sie Ihrem Chef nicht auch schreiben würden. Es wird Sie erstaunen, um wie vieles Sie dem eigentlichen Problem damit näherkommen.

Selbst wenn Sie vermeintlich oder wirklich mit Ihrem Ärger im Recht sind, denken Sie in jeder Sekunde daran, dass Ihr Kind Ihnen auch noch etwas anderes auf Gedeih und Verderb anvertraut hat: sein noch zartes Selbstvertrauen. Das bringt Sie in eine Verantwortung, die bei weitem größer ist als Ihr momentanes Befinden.

Dieses Vertrauen ist übrigens keineswegs ein kindliches Problem. Auch Sie vertrauen Ihren Selbstwert ständig anderen Menschen an. Stellen Sie sich einmal vor, Sie lesen fünf verschiedene Bücher über Erziehung. Die Autoren, anerkannte Experten, schreiben unabhängig voneinander, dass Kinder, die abends nicht freiwillig ins Bett gehen, unfähige Eltern hätten. Nun ist genau das abendliche Theater der Grund, warum Sie diese Bücher lesen. Sofort besorgen Sie also ein sechstes Buch, finden hier jedoch die gleiche Theorie. In dem Moment, in dem Sie der Aussage der Experten vertrauen, besitzen diese Macht über Sie.
Versetzen Sie sich bitte in die Situation, und überlegen Sie, wie es Ihnen in diesem Fall geht. Schreiben Sie das in Stichworten in Ihr Notizheft. Notieren Sie auch dazu, warum das so ist. Natürlich können Sie jetzt sagen, wenn das alles

so negativ für mich ist, dann gebe ich den Autoren eben keine Macht über mich. Das geht aber nicht so einfach. Wollten Sie nicht wissen, was andere zu dem Problem sagen, Sie hätten wohl das Buch nicht gekauft. Und irgendjemandem müssen Sie vertrauen. Wie Ihnen geht es auch Kindern, die wir ständig heruntermachen. Es macht dabei keinen Unterschied, ob das aus tatsächlich schlechter Meinung oder aus grantiger Nachlässigkeit passiert. Die auf Dauer verheerende Wirkung ist die gleiche. Auch wenn Sie am Ende keinen wirklichen Einfluss darauf haben, was aus Ihrem Kind einmal werden wird, mit dieser Methode bekommen Sie zumindest Kontrolle über das, was es nicht wird: ein Mensch mit gesundem Selbstvertrauen.

Die Macht der Liebe

Gerade im Zusammenhang mit Erziehung entsteht aber noch eine weitere, viel subtilere Form von Macht, deren selbst unbeabsichtigter Missbrauch im späteren Leben des Kindes unabsehbare Folgen haben kann.

>*»Alle menschlichen Verfehlungen«,*
hat der Psychologe Alfred Adler einmal gesagt,
»sind das Ergebnis eines Mangels an Liebe.«

Ich gehe generell davon aus, dass Menschen, abgesehen von körperlichen Notwendigkeiten, vor allem zwei Dinge für ein gutes Überleben brauchen: Anerkennung und Liebe. Das betrifft klarerweise alle Altersstufen. Wer aber als Kind keine Anerkennung bekommt, hat einen ungleich schwierigeren Start ins Leben.

Und wer Liebe nicht von den Menschen bekommt, die ihm am nächsten stehen, holt sie sich später von Personen, die ihn mit dieser Macht manipulieren. Natürlich weiß ich, dass Sie Ihr Kind lieben. Die Kontrolle darüber liegt auch gar nicht bei Ihnen. Sind Sie sich aber auch darüber im Klaren, welche Herrschaft Sie mit fehlendem Lob, fehlender Zeit oder fehlender Zuneigung über einen wehrlosen Menschen ausüben?

Im Grunde ist es am Ende gleichgültig, wie Sie über das Thema »Macht« denken. Es ist Ihre alleinige Verantwortung, die Ihnen gegebene Macht über Ihr Kind anzunehmen und zu lernen, mit dieser umzugehen. Wehren Sie sich nicht gegen sie, das ist zwecklos.

Denn solange Ihr Kind nicht selbst erstarkt ist,
richtet es sich nach demjenigen, dem sein unbedingtes
Vertrauen gehört. Und das sind in jedem Fall Sie.

DIE VERANTWORTUNG
DER EIGENEN MACHT ERKENNEN

Die folgenden Fragen sollen Ihnen helfen, Ihre Macht über Ihr Kind zu verstehen.

Wodurch haben Sie persönlich Macht über Ihr Kind?

....

Wodurch hat Ihr Kind Macht über Sie?

....

Was wurde Ihnen als Kind vorenthalten, weil es Ihren Erziehern nicht gefallen hat?

....

Was enthalten Sie Ihrem Kind vor, nur weil es Ihnen nicht gefällt?

....

Welches Verhalten, das Sie bei anderen nicht dulden, ist Ihnen zur Selbstverständlichkeit geworden?

....

Wo sind Sie Ihrem Kind Vorbild?

....

Wo ist Ihnen Ihr Kind Vorbild?

....

Moralisch ist,
wonach man sich gut fühlt.
(Ernest Hemingway)

3. Die Kunst der inneren Werte

Die letzte der menschlichen Freiheiten
liegt in der Wahl der eigenen Einstellung.
(Viktor Frankl)

Lerne, dass dein Kind das Recht hat, seine eigene Moralvorstellung zu entwickeln.

Als ich noch ein Kind war, waren mir besonders drei Dinge wichtig. Die sind mir bis heute geblieben. Zum einen war da das Lesen, zum Zweiten die Fotografie und zum Dritten und am wichtigsten: das Diskutieren. Mein Lieblingsgegner beim Gedankenaustausch – wenn man das denn so sagen darf – war mein Großvater. Er war nicht nur studierter Philosoph, was seinen Ansichten für mich damals ein besonderes Gewicht verlieh, sondern er nahm mich trotz meines zarten Alters als Diskussionspartner sehr ernst. Wann immer ich also in der glücklichen Situation war, mit meinen Großeltern Zeit zu verbringen, wurde diskutiert. Unsere wichtigsten Themen: Hat der Mensch einen freien Willen? Und: Was ist Moral? Selbst wenn es in keinem unserer unzähligen Gespräche zu einer wirklich gemeinsamen Meinung kam, haben diese Diskussionen doch wunderbare, tiefe Spuren bei mir hinterlassen. Vor allem aber auch das Verständnis dafür, dass es nicht wichtig ist, welche Meinung man hat, sondern dass man diese ständig überdenken muss. So weit auseinander unser Alter, so unterschiedlich waren auch unsere Standpunkte. Die Ansichten meines Großvaters waren von einem starken religiösen Glauben geprägt, den er sich im Laufe seines Lebens erworben hatte. Er war der Meinung, dass Gott den Menschen den freien Willen und damit die Möglichkeit gegeben hätte, sich frei für das Gute oder für das Böse zu entscheiden. Er glaubte, dass es nur an diesen selbst lag, sich für die eine oder andere Richtung zu entscheiden.

Ich war da grundsätzlich anderer Ansicht. Meiner Meinung nach, die sich übrigens bis heute nicht wirklich geändert hat, wird bei vielen Menschen die Möglichkeit einer freien Entscheidung durch das Umfeld beeinträchtigt, in dem sie groß werden und das ihre Einsichten prägt. Wir müssen uns hier noch gar nicht auf die Frage einlassen, was denn nun gut und was schlecht ist. Es genügt, wenn wir uns überlegen, dass zwei Menschen in ein und derselben Situation unterschiedlich reagieren würden. Der eine nach unserem Dafürhalten gut und der andere, das ist das Traurige, vielleicht sogar, ohne es wirklich zu wollen, unserer Meinung nach falsch.

Gibt es einen freien Willen?

Kommen Sie doch kurz mit mir in folgende Situation: Zwei Männer werden auf der Straße von einem dritten Mann zuerst angepöbelt, dann beschimpft und schließlich körperlich belästigt. Da aber der Angreifer einen Kopf kleiner ist als die beiden, haben diese in Wirklichkeit nichts zu befürchten. Sie müssten den Störer nur auffordern, aufzuhören, und wären diesen umgehend los.

Was die beiden Belästigten nun unterscheidet, ist ihre Herkunft. Der eine wurde in einer Familie groß, in der Gewalt nicht einmal als letztes Mittel zulässig war. Er war nach den Worten des Sokrates erzogen worden, der gesagt hat: »Es ist besser, Unrecht zu erleiden, als Unrecht zu tun.«

Ganz das Gegenteil die Familie des anderen. Wir dürfen annehmen, dass er in seiner Kindheit geschlagen wurde, sein Vater war bekannt für seine lockere Hand. Jedes Mal aber hatten seine Eltern eine ihm verständliche Rechtfertigung für ihr Handeln gefunden. Er hatte also seiner eigenen Meinung nach die Schläge verdient. Es ist auch sicher, dass es als Teil der Familienehre galt, sich nichts, aber auch gar nichts gefallen zu lassen, und gegebenenfalls entsprechend darauf zu reagieren. Unser zweiter Mann wurde also nach der Devise erzogen, dass Angriff die beste und die einzig mögliche Verteidigung ist. Nun stellen Sie sich bitte vor, ich drücke jedem der beiden Angegriffenen ein Messer in die Hand. Wie werden diese nun auf den Angriff reagieren? Sie werden mir wahrscheinlich recht geben, dass der Friedliche das Messer wegwerfen, den Angreifer ignorieren und weitergehen wird. Und Sie werden mir wahrscheinlich auch recht geben, dass sein Kollege von dem Messer Gebrauch machen und den Angreifer schwer oder im unglücklichsten Fall sogar tödlich verletzen wird. Er hätte also – vielleicht ohne es überhaupt zu wollen – im schlimmsten Fall einen Mord begangen, der ihn nun den Rest seines Lebens verfolgen wird. Er müsste von diesem Moment an damit leben, ein Mörder zu sein.

Natürlich, so werden Sie jetzt denken, er hätte es ja nicht tun müssen. Er hätte ja den freien Willen gehabt, sich für oder auch gegen den Gebrauch des Messers zu entscheiden. Jetzt aber einmal ganz ehrlich: Hatte er das wirklich?

Denken Sie tatsächlich, dass es diesem Mann in den Sekundenbruchteilen, in denen er seine Entscheidung zu treffen hatte, wirklich möglich gewesen wäre, all die Werte, die er während seiner Erziehung mitbekommen hat, zu vergessen? Dass er in dieser kurzen Zeit die Chance gehabt hätte, nur nach seinem eigenen Willen zu handeln und kein Mörder zu werden? Ich glaube es nicht. Ebenso wenig nehme ich aber an, dass dieser Mensch wirklich schwer an den Folgen seiner Tat zu tragen hätte. Schließlich hat er sie ja in dem Wissen und Gewissen begangen, dass genau diese von ihm erwartet würde. Nur für den Fall, dass Sie jetzt kopfschüttelnd meinen, diese Idee wäre schon sehr weit hergeholt: Die Reaktionen von Tätern und Familien bei sogenannten »Ehrenmorden« beweisen leider das traurige Gegenteil.

Grundsätzlich könnte man jetzt also meinen, dass der erste Mann richtig und der zweite falsch gehandelt hätte. Dass man also die eigenen Kinder so erziehen sollte, dass sie das Messer selbst dann nicht benutzen, wenn man es ihnen in die Hand gäbe. Zumindest sieht es so aus. Wer so denkt, mag moralisch im Recht sein, übersieht aber buchstäblich die Hälfte. Denn übertriebene innere Werte machen wehrlos. Bitte folgen Sie mir in meinen Gedankengängen weiter. Was nämlich, wenn die Situation grundsätzlich die gleiche wäre, der Angreifer selbst aber aggressiv und bewaffnet? Ist es dann wirklich besser, zwar brav erzogen, aber vielleicht tot zu sein? Und wünschten wir uns dann nicht, unserem Kind auch die Möglichkeit auf den Weg gegeben zu haben, sich dort, wo es wirklich notwendig ist, zur Wehr zu setzen?

Wenn es gar nicht anders geht, auch mit Gewalt? Falls Sie

jetzt von mir eine Antwort auf diese Frage erwarten, muss ich Sie enttäuschen.

Denn selbst wenn ich eine wüsste, es ist Ihr Kind und Ihre Erziehung, und Außenstehende können hier im höchsten Fall Anregungen geben. Aber ich will ehrlich zu Ihnen sein und zugeben, dass auch ich keine allgemeine Antwort weiß. Was ich Ihnen aber mit Sicherheit sagen kann, ist, dass Sie Ihre eigenen Einstellungen auf Ihr Kind übertragen werden.

Denn ob Sie es wollen oder nicht: Ihr Kind wird Ihre inneren Werte zwar nicht zu hundert Prozent übernehmen, aber jede seiner späteren Überlegungen wird von diesen geprägt sein.

Nehmen wir als Beispiel einen Kannibalen. Wie könnten Sie diesem klarmachen, dass es unrecht ist, Menschen zu töten und diese nachher zu essen? Oder wie könnte er Ihnen umgekehrt verständlich machen, dass es nicht falsch ist, das zu tun? Hat er dieses Verhalten nicht auch so von seinen Vorfahren gelernt und übernommen?

Erziehung ist ein ständiges Überprüfen der eigenen Werte

Immer schon hat die Frage nach dem, was richtig und was erlaubt ist, die Menschen beschäftigt. Gleichzeitig aber, so hat es sehr deutlich den Anschein, haben sich dieselben Menschen vor einer Antwort auf genau diese Frage gedrückt. Um sich die eigene Überlegung zu sparen, haben sich die Gesellschaften zu allen Zeiten Denker gehalten und sich an deren Meinung orientiert. Sei es in Form von Philosophen, Pädagogen oder von religiösen Führern. Wenn der es sagt, wird es schon richtig sein. Wozu noch selbst nachdenken, wenn es ohnehin eine vorgefertigte Meinung gibt?

Doch gleich, wie großartig und wie gebildet diese Denker auch sein mögen, deren Meinung ist deren Meinung. Vielleicht einleuchtend, gut begründet und superbequem, aber deshalb noch lange nicht zwangsläufig richtig.

Was aber im schlimmsten Fall dabei herauskommen kann, wenn man anderen die Verantwortung für das eigene Denken überlässt, zeigen uns die Anhänger von Fanatikern aller Art. Dennoch pflegen Menschen bis heute moralische Entscheidungen, die sie nicht selbst treffen möchten, in die Hände von Gesetzen und Gerichten zu legen. Diese gelten vielen als derart hohe Instanzen, dass ihre Urteile unantastbar sind, so falsch, so ungerecht und willkürlich sie dem einzelnen Betroffenen auch scheinen. Und so falsch, so ungerecht und willkürlich sie auch tatsächlich sein mögen.

*Wer aber andere Menschen führen will, muss eigene
innere Werte haben und diese auch ständig überdenken.
Denn über die eigenen Moralvorstellungen nicht nachzudenken
ist genauso, wie einfach keine zu haben.*

Innere Werte, die einem nicht als die eigenen bewusst sind, sind wertlos. Erstens führen nämlich sonst die Denker im Hintergrund. Und zweitens ist ein derart verunsicherter Mensch beeinflussbar. Er torkelt nach Gutdünken in eine Richtung und sucht dann überall nach Zeichen, die diese Entscheidung richtig erscheinen lassen.

Ein bisschen ist das so, als hätte man bei einer Prüfung zu wenig gelernt und gleich auf die erste Frage nicht den Funken einer Antwort. Was tut man als Prüfling in so einer Situation? Man hört auf das, was einem die anderen einflüstern, wiederholt es laut und beobachtet dann die Reaktion des Prüfers. Nickt dieser zustimmend, geht man den eingeschlagenen Weg weiter. Verfinstert sich aber des Prüfers Gesicht, dann hört man nochmals gut in die Menge und versucht, einen neuen Hinweis zu erhaschen. Diese Methode kann funktionieren, muss es aber nicht. Ich habe selbst einen Prüfer erlebt, dessen gespielte Begeisterung für das vermeintliche Wissen des Kandidaten umso größer wurde, je weiter die Antwort von der richtigen entfernt war. Dankbar nahmen die Prüflinge den scheinbaren Hinweis an und redeten sich immer weiter ins Verderben. Das mag jetzt falsch und unfair erscheinen und ist es wahrscheinlich auch.

Aber eines sollten wir nicht vergessen: Solange wir die Frage, was gut und was schlecht ist, anderen überlassen, werden diese die Antwort wohl zu ihrem eigenen Vorteil formulieren.

Nun erweckt es den Anschein, als wäre Moral so etwas wie ein allgemeingültiges, ungeschriebenes Regelwerk, in dem man nachlesen kann, was zu tun und was zu unterlassen ist. Ein Regelwerk, das schon so lange von einer Generation an die nächste weitergegeben wird, dass viele geneigt sind, zu glauben, es handele sich dabei um ein Naturprinzip. Und wozu sollte man über Naturprinzipien nachdenken? So ist die Selbstverständlichkeit auf der einen Seite die größte Stärke der Moral. Gleichzeitig aber auch ihre größte Schwäche. Denn Selbstverständlichkeiten werden nicht hinterfragt.

Oft ist das Selbstverständliche unverständlich

Tatsächlich sind aber innere Werte weder etwas von Natur Gegebenes noch etwas Absolutes. Wenn dem so wäre, müssten sie ja in allen Kulturen dieser Welt gleich sein. Was bekanntlich nicht der Fall ist. Tatsächlich entsteht Moral alleine in den Köpfen jener Menschen, denen sie nutzt. Schon Shakespeare lässt seinen Hamlet sagen: »An sich ist nichts weder gut noch böse, das Denken macht es erst dazu.« Ganz im Gegenteil zeigt uns die Natur, wie wenig sie mit dieser Thematik zu tun haben möchte und wie sehr wir uns darum gefälligst selbst kümmern sollen.

Nehmen wir an, es gäbe tatsächlich so etwas wie ein beweisbares göttliches Gesetz, dass kein Wesen auf dieser Erde das Recht hätte, zu töten. Das hätte aber zur Konsequenz, dass alle Tiere, die auf Fleisch angewiesen sind, verhungern müssten und damit sich selbst töten … Ich möchte mit Ihnen an dieser Stelle keine philosophische Diskussion führen. Ich möchte Ihnen nur zeigen, dass vieles, was uns so selbstverständlich erscheint, gar nicht so selbstverständlich ist. Jede Moral entspringt zuerst einmal zwangsläufig den Vorstellungen und Bedürfnissen jener Kultur, in der sie entsteht. Sie erstreckt sich nicht über Kontinente, nicht über Länder, ja nicht einmal über zwei Menschen. Mein Sitznachbar im Bus kann ganz andere innere Werte haben als ich. Liest man zum Beispiel Leserbriefe, die in Zeitungsredaktionen zu einem umstrittenen Thema eingehen, kann man das ganz deutlich sehen. Sich mit dieser Tatsache auseinanderzusetzen und sie auch Kindern zu vermitteln, wird dort unabdingbar, wo verschiedene Menschen und damit unterschiedliche Moralvorstellungen aufeinandertreffen.

Denn nur weil Sie gelernt haben, dass man dieses oder jenes nicht tut, heißt das noch lange nicht, dass ich das auch weiß und dass ich es auch so sehe.

Selbst wenn also mir meine inneren Werte eine gewisse Handlung verbieten, muss ich trotzdem damit rechnen, dass andere sie tun. Anders gesagt würde ein Kannibale es kaum als Unrecht empfinden, Sie zu essen. Kämen Sie umgekehrt auf die Idee, dass dieser so eine Drohung ohne Gefühlsregung verwirklichen könnte? Nein? Sollten Sie aber. Und Ihr Kind auch.

Du sollst nicht stehlen und nicht töten …

Um keine Missverständnisse aufkommen zu lassen: Ich bin absolut kein Gegner von inneren Werten. Ganz im Gegenteil.

Ich bin der Meinung, dass stabile, gut entwickelte innere Werte das größte Geschenk sind, das man als Erziehender einem Kind machen kann.

Wogegen ich aber bin, ist eine angeblich allgemein verbindliche Moral, die man Kindern ohne viel nachzudenken genauso einflößt, wie sie einem selbst eingeflößt worden ist. Diese ist nämlich nicht nur starr. Sie ist auch so voller Fehler, dass ganze Heerscharen von Menschen damit beschäftigt sind, Konstruktionen zu erfinden, mit denen das Umgehen dieser Moral selbst wieder moralisch zu rechtfertigen ist. Lassen Sie mich das Problem an einem Beispiel demonstrieren. Wie auch ich haben Sie wahrscheinlich gelernt, dass es unrecht ist, jemand anderem etwas wegzunehmen, nur um sich selbst zu bereichern. So etwas müsste also in einer allgemeinen Moral verankert sein. Nun werde ich immer wieder Zeuge von Situationen, in denen Zöllner ahnungslosen Menschen im Ausland erworbene Waren ohne Ersatz einfach wegnehmen. Nicht aber, weil diese Menschen irgendetwas falsch gemacht hätten, sondern vielmehr mit der einfachen Begründung, dass diese woanders zu billig gekauft worden seien und einheimische Firmen und der Staat nicht genug daran verdienten. Wenn Sie jetzt meinen, das sei ja etwas ganz anderes, weil eben Zoll und Gesetz und so weiter, dann wissen Sie, welche Konstruktionen ich meine.

Leider ist dies aber nicht der einzige Fehler. Auch die Frage, wer eine bedenkliche Handlung ausführt, hat großen Einfluss darauf, wie wir diese moralisch bewerten. Denn auch vor den inneren Werten sind bekanntlich nicht alle Menschen gleich. So können wir uns ganz allgemein sicher darauf einigen, dass es in unserem Kulturkreis grundsätzlich moralisch nicht zulässig ist, einen Menschen zu töten. Nicht einmal aus Rache oder Vergeltung. Wie aber sieht das gleiche Töten aus, wenn es von oben verordnet als Strafe erfolgt? Wenn wir einfach das hässliche Wort »Ermordung« durch den viel geschmeidigeren Begriff der »Hinrichtung« ersetzen? Auch wenn Sie der Tat selbst vielleicht nicht zustimmen, könnte ich mir vorstellen, dass sich Ihr Verständnis nun ändert. Natürlich, so höre ich manchen denken, ist auch das nicht richtig, aber umgekehrt muss ja niemand gegen Gesetze verstoßen, dass es so weit kommt. Und es weiß ja auch jeder vorher, mit welchen Konsequenzen er zu rechnen hat. Wir sehen: Behördliche Anordnungen stehen über jedem Gewissen.

Welche Art von Gewalt ist erlaubt?

Lassen Sie mich Ihnen nun Ihr Verständnis wieder nehmen. Ich muss da nämlich noch etwas ergänzen: Was ich vergessen habe zu sagen, ist, dass es sich hierbei nicht um eine staatliche Hinrichtung handelt, sondern um eine Exekution im Umfeld der Mafia. Immer noch in Ordnung? Oder plötzlich doch wieder eiskalter Mord? Weil?

Wie sehr Menschen durch die eingeimpften Werte schon manipuliert sind, zeigt auch, dass man einem Polizisten, der einen unschuldigen Obdachlosen erschießt, wohl ein ganz anderes Verständnis entgegenbringt als einem armen Obdachlosen, der einen Polizisten tötet.

Aber nicht nur die Frage, wer moralische Grenzen überschreitet, beeinflusst unser Urteil. Auch das Umfeld, in dem es passiert. Gewalt ist in Ordnung, solange wir sie zu etwas anderem umlügen können. So ist ein militärischer Bombenangriff, bei dem 500 unschuldige Menschen ums Leben kommen, eine Sache. Vor allem wenn sich die Tragödie in einem fernen Land abspielt. Ein Amoklauf in der Nachbarstadt, bei dem ein Schüler einen ebenso unschuldigen Lehrer schwer verletzt, ist hingegen schon etwas ganz anderes. Ersteres ist weit entfernt, und solange die Mörder reguläre Soldaten waren und keine Terroristen, ist dieser Angriff etwas, was in einem Krieg eben passieren kann.

Das andere hingegen, diese zweifelsfrei schreckliche Verfehlung des Schülers, löst sofort eine von blankem Entsetzen und Unverständnis geprägte Diskussion über die Frage aus, wie in unserer von Frieden und Moral geprägten Gesellschaft solch hemmungslose Gewalt überhaupt entstehen könne. Mit etwas Bereitschaft zur Ehrlichkeit wäre die Antwort auf diese Frage ebenso einfach wie erstaunlich:

Gewalt entsteht nicht, sie ist bereits da.

Wie ich oben geschrieben habe, ist sie eine Tatsache, die uns in ihren verschiedensten Ausprägungen so selbstverständlich umgibt, dass wir sie gar nicht mehr bemerken. Umso schlimmer aber, wenn Gewalt dann plötzlich an Orten ausbricht, an denen wir sie nicht rechtfertigen können. Denn der Unterschied zwischen der Gewalt, die einen so festen Platz in unserem Leben hat, und jener, die der Amok laufende Schüler verbreitet, ist, dass wir nicht umhinkommen, Letztere auch als das zu erkennen, was sie wirklich ist. Unser Moralempfinden findet im Zusammenhang mit dieser Tat plötzlich keine Möglichkeit mehr, von Justizirrtum, Polizeiwillkür oder gar gerechter Strafe zu sprechen.

Der Schriftsteller Wolfgang Borchert hat diese Spannung, die viele, vor allem junge Menschen zerreißt, einmal in einer Geschichte beschrieben: »Als der Krieg aus war, kam der Soldat nach Haus. Aber er hatte kein Brot. Da sah er einen, der hatte Brot. Den schlug er tot. Du darfst doch keinen erschlagen, sagte der Richter. Warum nicht, fragte der Soldat.«

Ist Deines auch Meines?

Auf der anderen Seite, und das ist der zweite Teil des Problems, ist das Hintergehen von Moral natürlich in gewisser Form notwendig, um bestimmte innere Werte aufrechtzuerhalten. Das hat in erster Linie wieder damit zu tun, dass gewisse Dinge von der Natur nicht vorgesehen sind. Nehmen wir als Beispiel das An-sich-Nehmen von fremdem Eigentum, auch als »stehlen« bekannt. In einem der vielen

Bücher zum Thema Erziehung bemerkt der Autor mit gewissermaßen zornigem Erstaunen, dass heutige Kinder schon so weit verroht seien, dass sie auf einen Diebstahl nur deshalb verzichteten, weil die zu erwartende Strafe höher sei als der Wert der Beute. Das Risiko, so die unterstellte Überlegung der Jugendlichen, stehe deshalb nicht dafür. Eigentlich, so meint der Autor, müsse doch das Gefühl für fremdes Eigentum aus dem Inneren eines Menschen kommen. Warum, so frage ich mich, sollte das so sein? Die Natur kennt keinen Besitz, das ist eine rein menschliche Idee. Was in der Natur herumliegt, gehört allen, und wer es brauchen kann, nimmt es, selbst wenn es vor zehn Sekunden noch jemand anderer verwendet hat. Schließlich hat die Natur größtes Interesse daran, dass möglichst alles gut genutzt wird. So wird ein Zebra, das ein Löwe gerissen hat, zuerst von diesem, dann von anderen Löwen und schließlich von immer kleineren Tieren bis hin zur Ameise verzehrt. Niemand käme auf die Idee, dass die Ameise dem Löwen das Fleisch gestohlen hat. Ganz anders nun der Mensch. Nachdem Geld und Profit die obersten Werte sind, denen übrigens auch jede Moral untergeordnet werden muss, gibt er das, was von seinem Tier übrig bleibt, nicht weiter, sondern vernichtet es. Moralisch gesehen wäre es nun das einzig Richtige, vor den unbenutzten Fleischresten im Mistkübel zu verhungern, da diese ja immer noch das Eigentum eines anderen sind.

Sinn und Unsinn von Strafen

Aber, so frage ich Sie, wie soll ein Mensch von selbst auf so etwas kommen? Vermeintlich glücklicherweise gibt es ja genau dafür die Erziehung. Denn diese Art von Moral hat nicht einmal im Entferntesten mit Respekt anderen Menschen gegenüber zu tun. Nun tritt das Problem auf, dass man einem Menschen etwas beibringen soll, was gegen die Natur ist. Die Lösung dafür ist natürlich die allseits bekannte Strafe bei Zuwiderhandeln.

Für mich stellt sich hier die Frage, ob man zum Zweck der Bestrafung etwas tun darf, was man eigentlich nicht tun darf. Und da sich die Idee der Bestrafung ja nicht nur auf den Bereich zwischen Eltern und Kindern, sondern auf unsere gesamte Gesellschaft erstreckt, wer darf diese Grenzen überschreiten?

Wie, so fragte einmal eine amerikanische Initiative gegen die Todesstrafe, soll das Töten von Menschen den Menschen zeigen, dass das Töten von Menschen falsch ist? Und wie können Eltern, die selbst nicht bereit sind, sich in aller Deutlichkeit gegen Gewalt auszusprechen, das von ihren Kindern erwarten?

Wenn wir schon beim Thema Moral und Gewalt sind, gibt es da noch etwas, über das wir sprechen sollten. Es existiert da noch immer so ein Relikt aus frühen Zeiten der Erziehung, das zurzeit so etwas wie eine fröhliche Wiedergeburt erlebt. Sie wissen, wovon ich spreche? Man könnte es frei übersetzt als »heilsamer Faustschlag« bezeichnen. Ein komischer Ausdruck? Stimmt. Klingt nicht nach zeitgemäßer Erziehungsmaßnahme. Bei uns in Österreich heißt das ja auch »g'sunde Watschn«. Gemeint ist aber in beiden Fällen das Gleiche: das Zuschlagen, wenn man nicht mehr weiterweiß. Oder das Einschlagen auf Schwächere, wenn man die Beherrschung verliert. Umfragen zeigen, dass diese Erziehungstechnik von viel mehr Menschen befürwortet wird, als man glauben sollte.

Wenn es auch nicht von allen als Teil des täglichen Erziehungsrepertoires akzeptiert wird, verstehen doch viele, dass einem Erziehenden so ab und an »die Hand ausrutschen kann«. Ich möchte das weder beurteilen noch bewerten. Trotzdem stellt sich mir die Frage, was ein Kind von diesem Erwachsenen eigentlich lernen soll. »Wenn du nicht mehr weiterweißt, dann schlag zu«, das kann es nicht ganz sein, sonst würden die Betreffenden ja auch den Chef oder einen Polizisten schlagen. Auch »Wenn du bei Kindern nicht mehr weiterweißt, hau hin« scheint mir als Botschaft falsch, da Ohrfeigen meines Wissens nach für den 1,95 Meter großen Juniorboxmeister-Sohn als Erziehungsmittel ebenso wenig in Betracht kommen wie bei den Nachbarskindern. Denn schlagen darf man, so die weitverbreitete Meinung, nur die »eigenen« Kinder.

Was aber ist nun die Botschaft, die wir einem Kind vermitteln wollen? Bevor Sie weiterlesen, versuchen Sie bitte, die Botschaft zu formulieren, die ein Schlagender einem Kind vermitteln möchte. Tun Sie das bitte auch, wenn Sie ein absoluter Gegner des Schlagens sind. Überlegen Sie dann weiter, warum man nach Volksmeinung nur die eigenen Kinder schlagen darf und wann ein Kind aufhört, Kind zu sein. Abschließend finden Sie bitte noch eine Antwort auf die Frage, warum viele der Meinung sind, dass zwar Erwachsene zuschlagen dürfen, es ihren Kindern aber gleichzeitig verbieten. Schreiben Sie die Antworten in Ihr Notizheft. Sie werden Ihnen viel Verständnis dafür geben, wie Gewalt entsteht. Schließlich verliert jede Moral, jede Sitte und jedes Verbot genau dort seine Gültigkeit, wo jemand dagegen verstößt, der mehr Macht hat als wir.

Es gibt da aber noch etwas, das sehr häufig übersehen wird. Jedes Kind hat im Laufe seines Entwicklungsprozesses meistens mehr als nur eine Bezugsperson. Auch wenn Sie als Eltern vielleicht die wichtigste sind, großen und auch prägenden Einfluss haben auch noch andere Menschen. Das kann ein Partner sein, ein Kindergartenpädagoge, ein Lehrer oder der Dorfpfarrer. Nun ist Moral wie schon gesagt nichts Verbindliches. Jeder hat hier seine eigenen Vorstellungen, und daher gibt es auch nicht so etwas wie eine Lehrmeinung.

Gerade für Menschen in einer Entwicklungsphase kann es aber sehr verwirrend sein, wenn ihnen der eine etwas erzählt und der Nächste das genaue Gegenteil behauptet. Genau das wird aber passieren. Umso wichtiger ist es, beizeiten darauf vorzubereiten. Man muss ihnen sagen, dass man sich bewusst nicht ihnen gegenüber auf eine einheitliche Linie geeinigt hat, damit sie sich ihre eigene Meinung bilden können.

Kindern behutsam die Realität des Lebens zeigen

Bleibt zum Abschluss noch eine Frage: Wie soll man Kindern gegenüber mit dem Thema Gewalt umgehen? Soll man sie mit ihrer Existenz konfrontieren, um sie erklären zu können, oder soll man versuchen, sie so lange als möglich von ihr fernzuhalten? Für mich ist das Ganze wie eine Weltreise. Auch hier kommt man an schönen, aber auch an weniger schönen Dingen wie Armutsvierteln vorbei. Deren Existenz zu leugnen würde sie für ein Kind nur noch interessanter machen. Umgekehrt muss ein Dreijähriger ja nicht wirklich einen Slum besuchen, oder?

Umgelegt auf die Gewalt bedeutet es, dass man Kindern gegenüber durchaus ehrlich sein soll. Jemand, der zugeschlagen hat, hat genau das getan und ist nicht unglücklich ausgerutscht.

Andererseits aber sollte man auch einem jungen Menschen klarmachen, dass Gewalt, selbst wenn sie in Form von Spielen verschleiert ist, wie Feuer ist: vielleicht am Anfang faszinierend, dann brandgefährlich und irgendwann unkontrollierbar. Die Aufgabe der Erzieher in Bezug auf Moral muss sein, es Kindern zu ermöglichen, ihre eigenen inneren Werte zu entwickeln. Sie müssen sie dabei unterstützen, auch wenn sie dabei von den Vorstellungen der Erwachsenen abweichen. Selbst wenn Ihr Kind einmal einem Angriff gleich welcher Art ausgesetzt ist, muss es sich auf eine Art zur Wehr setzen können, die aus ruhiger Überlegung entspringt und nicht aus einem gewalttätigen Mangel an Alternativen.

Andernfalls nehmen Sie ihm die letzte der menschlichen Freiheiten: die Wahl der eigenen Einstellung.

DEN STELLENWERT
EIGENER WERTE ÜBERPRÜFEN

Die folgenden Fragen sollen Ihnen helfen, sich Ihrer inneren Werte bewusst zu werden.

Ist etwas richtig, wenn es andere auch tun?

....

Ist etwas richtig, wenn es alle tun?

....

Welche inneren Werte soll Ihr Kind einmal haben?

....

Halten Ihre eigenen Werte der Prüfung durch Ihre Kinder stand?

....

Darf man wehrlose Menschen schlagen, wenn sie einen zur Weißglut bringen?

....

Dürfen Kinder zurückschlagen? Weil?

....

Dürfen Menschen, die über andere urteilen, selbst Fehler machen?

....

Woher kommen Ihre eigenen inneren Werte?

....

Ist es unmoralisch, gegen ein Gesetz zu handeln?

....

Und wenn ja, warum?

....

Woher wissen Sie, ob Ihre eigenen inneren Werte richtig sind?

....

Teil 2

Wege zum Kind

Kinder denken nicht weniger,
nicht armseliger, nicht
schlechter als Erwachsene.
Kinder denken anders.
(Janusz Korczak)

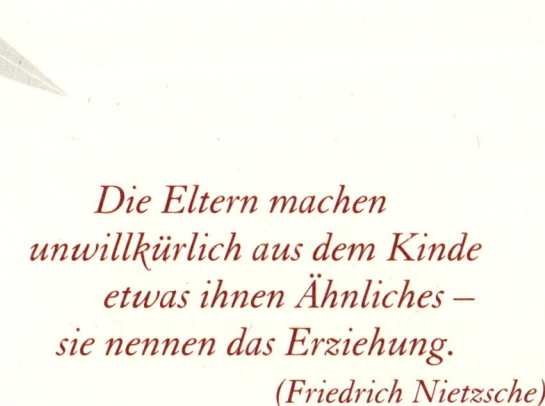

*Die Eltern machen
unwillkürlich aus dem Kinde
etwas ihnen Ähnliches –
sie nennen das Erziehung.*
            (Friedrich Nietzsche)

4. Die Kunst der Wahrnehmung

Hier liegt die wichtige Aufgabe von Eltern,
Erziehern und der gesamten Mitwelt: das Kind
in seiner Persönlichkeit und mit seinen Be-
dürfnissen zu beobachten und ernst zu neh-
men. (Maria Montessori)

Lerne, dass dein Kind nicht das werden muss, was du nicht geworden bist.

Vor einiger Zeit habe ich mir von einem Kamerahersteller
das neueste und beste Modell seiner aktuellen Serie ausge-
borgt. Da ich keine Zeit hatte, vorher das Handbuch zu lesen, um mich mit den vielen neuen Funktionen vertraut zu
machen, habe ich das Gerät genommen und damit fotografiert wie immer. Die Arbeit damit war wunderbar. Einzig, ich konnte keinen wirklichen Unterschied zum Vor-
gängermodell feststellen. Erst später wurde ich durch einen
Freund, der bei diesem Unternehmen arbeitet, darauf aufmerksam, dass diese Kamera viele neue Funktionen einge-
baut hatte, die mir die Arbeit ungemein erleichtert hätten.
Anders gesagt, hätte ich von den Fähigkeiten der Kamera
schon vorher gewusst, ich wäre ganz anders an die Sache
herangegangen und hätte das gleiche Ergebnis zumindest
um einiges komfortabler erhalten. Leider aber habe ich es
nicht gewusst. So wie mir mit der Kamera, wo der Schaden
ein verhältnismäßig kleiner und überschaubar gewesen ist,

geht es vielen Menschen mit ihren Fähigkeiten und Talenten. Denn was nützt es Ihnen, wenn Sie zwar etwas können, aber nichts davon wissen? Wenig bis gar nichts.

Nehmen Sie also bitte Ihr Notizheft, und machen Sie auf einer neuen Seite zwei Spalten. In die eine Spalte schreiben Sie fünf Fähigkeiten, die zwar schon immer in Ihnen vorhanden waren, die Ihnen aber bis zum Erwachsenenalter nicht bewusst gewesen sind. Das kann ein großes Zeichentalent, eine musikalische Begabung oder die Fähigkeit zum freien Reden sein. Daneben notieren Sie bitte, wie viel Ihre Eltern oder Lehrer oder jene, von denen Sie erzogen wurden, von diesen Fähigkeiten gehalten haben bzw. wie wichtig Ihnen diese für Ihr späteres Leben erschienen sind. Schreiben Sie einfach »sehr«, »viel«, »wenig« oder »sehr wenig«. Nun überlegen Sie, wie stark jede dieser einzelnen Fähigkeiten Ihr Leben beeinflusst hätte, wären Sie Ihnen früher bekannt gewesen. Wie gefällt Ihnen das Ergebnis?

Was ich Ihnen mit dieser Übung demonstrieren möchte, ist, dass das größte Geschick in einer Sache für einen Menschen wertlos ist, solange er nichts davon weiß. Meiner Meinung nach ist daher eine der wichtigsten Anforderungen an eine gelungene Erziehung, die tatsächlichen Talente und Fähigkeiten eines Kindes hervorzubringen und zu fördern. Sie fragen sich jetzt vielleicht, warum ich von den »tatsächlichen« Begabungen schreibe. Gibt es denn noch andere? Ich fürchte schon. Nämlich jene, die Eltern oder Erzieher bei einem Kind zu sehen wünschen. Deren Forderung ist aber am Ende nicht nur wertlos, sondern steht einer guten Entwicklung ziemlich stark im Weg.

Jedes Kind geht auf seine eigene Reise

Auf dem Weg hierher haben wir uns mit Ihrer persönlichen Reise in Ihr Leben beschäftigt. Ich habe Ihnen geraten, die eigene Reiseroute mit dem Abstand der Jahre zu betrachten. Jetzt ist es an der Zeit, zu überlegen, wohin die Reise Ihres Kindes gehen könnte. Nicht sollte, wohlgemerkt »könnte«. Das ist natürlich kein genauer Fahrplan, sondern nur eine ungefähre Richtungsvorgabe. Selbstverständlich können Sie diese Planung nicht alleine machen. Sonst wäre es ja wieder Ihre eigene Reise. Holen Sie also bitte ab jetzt in Gedanken immer auch Ihr Kind dazu.

Denn eines muss Ihnen in jedem Augenblick klar sein: Das Ziel der Reise muss nicht zu Ihnen, es muss zu Ihrem Kind passen. Erziehung bedeutet nämlich nicht, aus einem Kind das zu machen, was man selbst nicht geworden ist.

So selbstverständlich dies jetzt auch klingen mag, so wenig ist es das für die meisten. Warum sonst erinnern mich viele Eltern an Reiseveranstalter, die vom Büro aus die Reiseroute für Ihre Gäste danach festlegen, was sie selbst gerne gesehen hätten. Die also die Kunden an Orte schicken, die sie zwar selbst nie erreicht haben, an denen ein anderer aber gar kein Interesse hat.

»Natürlich«, werden Sie jetzt denken, »will und werde ich mein Kind nach seinen Begabungen und nicht nach meinen Wünschen erziehen.« Was aber gar nicht so einfach ist. Die Schwierigkeit beginnt schon mit der Tatsache, dass ein Mensch gar nicht immer so ist, wie wir ihn sehen. Das hat weniger mit unseren Vorstellungen zu tun als mit der Unmöglichkeit, manche Dinge zu wissen.

Lassen Sie mich das mit einem kleinen Experiment verdeutlichen. Suchen Sie bitte einen Menschen in Ihrem Umfeld, der Ihnen zwar vertraut genug ist, um ihn persönliche Dinge fragen zu können, von dessen Hintergrund Sie aber möglichst wenig wissen. Das kann eine gute Bekannte sein oder der Kollege im Büro.

Nun nehmen Sie bitte Ihr Notizheft, vermerken dort den Namen dieser Person und schreiben darunter deren drei größte Begabungen. Was sind die größten Stärken der von Ihnen ausgewählten Zielperson? Dann überlegen Sie, zu welchem Beruf Sie diesem Menschen raten würden. Nehmen Sie sich bitte für diese Überlegungen etwas Zeit.

Suchen Sie nun die betreffende Person auf, und fragen Sie diese nach ihren drei größten Talenten und ihrem Traumberuf. Schreiben Sie nun in Ihr Notizheft neben den Namen die Anzahl der richtig erratenen Fähigkeiten und ob sich Ihre Berufsvorstellungen decken. Falls Sie bei dieser Übung sehr danebenlagen, machen Sie sich keine Gedanken, sondern wiederholen Sie sie bei jemand anderem.

Was ich Ihnen mit diesem Experiment zeigen möchte, ist, wie unglaublich schwierig es ist, die individuellen Begabungen eines Menschen wahrzunehmen und sich bewusst zu machen. Wenn das aber schon bei Personen, mit denen wir schon viel Zeit in unserem Leben verbracht haben, nur mit Mühe gelingt, um wie viel schwieriger ist es dann mit Kindern, die ganz neu in unser Leben kommen?

Vielleicht ist auch das der Grund, warum hier so viele auf das Urteil anderer vertrauen. Vergessen Sie hierbei aber eines nicht: Die Ratschläge, den Ihnen Experten aller Art geben können, mögen durchaus gut und richtig sein. Und trotzdem ist selbst das Auswendiglernen von Erziehungsratgebern nur so, als läse man einen Reiseführer. Auch darin steht viel Nützliches und durchaus Wichtiges, aber wenn Sie einmal vor Ort sind, müssen Sie dort trotz allem Ihre eigenen Entscheidungen treffen. Das kann Ihnen einfach niemand abnehmen.

Ein weiteres Hindernis auf dem Weg der Wahrnehmung eines Kindes ist der schon einmal erwähnte Fehlglaube vieler Erziehender, ebendiese Reise schon einmal selbst gemacht zu haben und diese daher gut zu kennen. Daher, so meinen viele, wäre Vorbereitung nur verschwendete Zeit. Das ist erstens falsch, weil Sie den Lebensweg eines anderen Menschen gar nicht gegangen sein können. Und zweitens ist es nachlässig. Denn wer ein wirklich guter Reiseleiter sein will, bereitet sich auf jeden Besuch einer Stadt neu vor. Gleichgültig, wie oft er schon dort war, versucht er, sie mit den Augen seiner Kunden zu sehen. Schließlich gibt es auch unter diesen Museumsbesucher, Landschaftsfreunde, Spaziergänger und Kunden, die einfach nur das Lebensgefühl aufnehmen wollen. Für jeden von ihnen gibt es eine optimale Route. In Bezug auf Erziehung hat das der arabische Schriftgelehrte Abbas Effendi einmal so ausgedrückt:

> »Die Arbeit des Erziehers gleicht der eines Gärtners, der verschiedene Pflanzen pflegt. Eine Pflanze liebt den strahlenden Sonnenschein, die andere den kühlen Schatten; die eine liebt das Bachufer, die andere die dürre Bergspitze. Die eine gedeiht am besten auf sandigem Boden, die andere im fetten Lehm. Jede muss die ihrer Art angemessene Pflege haben, anderenfalls bleibt ihre Vollendung unbefriedigend.«

Nun besteht die eigentliche Schwierigkeit eines Erziehers nicht einmal darin, all diese Techniken zu kennen. Er könnte sie im Notfall nachlesen. Seine wirkliche Herausforderung ist es einerseits, dem Kind mit so viel Achtsamkeit zu begegnen, dass er erkennen kann, welche Art der Pflege es nun braucht. Gleichzeitig muss er aber auch so offen sein, zu akzeptieren, dass die von ihm bevorzugte und die tatsächlich notwendige Art der Pflege voneinander abweichen können. Mit anderen Worten: Auch wenn es oft bequemer ist, für ein Kind ist nicht immer dasjenige das Beste, was sich mit der vorgefertigten Meinung des Erziehers deckt. Es ist ja auch für einen Kunden nicht immer das Produkt das beste, das der Verkäufer gerade im Überschuss auf Lager hat.

Wollen wir verstehen, was für ein Kind
das wirklich Richtige ist, müssen wir lernen,
es in der Situation wahrzunehmen,
in der es sich befindet.

Ich habe oft das Gefühl, dass Erziehende, die durchaus das Beste für ein Kind wollen, es nicht als jenes Kind begreifen, das es gerade ist, sondern ausschließlich den späteren Erwachsenen sehen. Auch wenn dem Kind manches jetzt vielleicht noch keine Freude macht, irgendwann wird es schon froh sein darüber. Ich halte diesen Ansatz für falsch. Ich glaube nämlich, dass überforderte Kinder am Ende ebensolche Erwachsene werden. Fraglos wird in jungen Jahren die Basis für vieles gelegt, ebenso fraglos aber muss ein Mensch in dieser Zeit so viel lernen wie später nie mehr in seinem Leben.

Nehmen Sie jetzt bitte Ihr Notizheft, und schreiben Sie spontan alle Eigenschaften hinein, die Kinder Ihrer Meinung nach am besten charakterisieren. Denken Sie dabei nicht an ein spezielles Kind. Überlegen Sie ganz allgemein, was Kinder besonders macht. Sie haben für die Übung eine Minute Zeit. Führen Sie sie bitte aus, bevor Sie weiterlesen. Fertig? Wenn Sie weniger als zehn Eigenschaften gefunden haben, nehmen Sie die Übung doch mit in die nächsten Tage.

Es gibt aber noch etwas, das uns an einer wirklich objektiven Wahrnehmung hindert: unsere Vorstellung davon, wie die Dinge sind und wie sie zu sein haben. So halten wir zum Beispiel manches einfach lieber für wahrscheinlich. Eher glauben wir also im Zweifel einem Richter als dem vorbestraften Angeklagten. Selbst wenn dieser noch nie gelogen hat und die Frage nichts mit dem Vergehen zu tun hat. Auch neigen viele Menschen dazu, den Fehler einer Obrigkeit nötigenfalls einfach zu leugnen bzw. schönzureden. Ich erinnere mich noch daran, als in meinem Land ein Polizist einen Jugendlichen bei einem Einbruch erschossen hatte. Obwohl noch niemand etwas über die genaueren Umstände wissen konnte, war die allgemeine Meinung sofort aufseiten der Polizei. Schließlich hatte der Jugendliche doch mitten in der Nacht in einem Supermarkt eingebrochen! Da muss er eben auch mit dem Schlimmsten rechnen. Und das kann nun mal auch der Tod sein. Ich kann und möchte hier nicht die Situation oder das Handeln der einzelnen Beteiligten beurteilen. Was mich aber definitiv erstaunt, ist, wie schnell hier zwei Taten, die ursächlich gar nichts miteinander zu tun haben, miteinander in Verbindung gebracht werden, nur um einen Fehler zu rechtfertigen. Denn auch wenn es viele gerne hätten, in unserem Land steht auf Einbruch zwar ein Aufenthalt im Gefängnis, aber eben nicht die Todesstrafe. Dennoch waren viele der Meinung, dass der tödliche Schuss alleine aufgrund des Einbruchsdelikts gerechtfertigt gewesen sei.

Kein Kind ist perfekt

Ich habe schon vorher geschrieben, dass das Vertrauen in gewisse Instanzen ein menschliches Grundbedürfnis ist. Bereits als Kinder lernen wir, dass manche Menschen Fehler machen, andere aber nie. Genau dieses Wissen ist es nun, das unsere Wahrnehmung nicht nur trübt, sondern verändert. Warum das mit Erziehung zu tun hat? Weil für viele Erziehende das Kind ebendiese fehlerfreie Instanz ist. Angenommen, Ihr Kind hat in der Schule einen Lehrer, von dem Sie ausgehen, dass er es nicht mag. Ausgerechnet in seinem Fach hat das Kind nun schlechte Noten. Auf Rückfrage beim Lehrer sagt Ihnen dieser recht unverblümt, dass Ihr Kind einfach für diese Schule nicht geeignet sei. Wie reagieren Sie? Und: Ist Ihre Reaktionen eine andere, wenn es sich nicht um einen »bösen«, sondern um den Lieblingslehrer Ihres Kindes handelt? So menschlich verständlich diese Reaktion auch ist, wer so handelt, tut seinem Kind nichts Gutes.

Denn wer sein Kind wirklich wahrnimmt,
sieht die Dinge so, wie sie sind.

Ist ein Kind in der Schule schlecht, weil ihm eine bestimmte Begabung fehlt, dann haben weder die Lehrer, der Unterricht noch das ganze Schulsystem die Schuld, noch aber ist das Kind zu faul. Es fehlt ihm schlicht und einfach eine bestimmte Fähigkeit. Statt dieser hat es zumindest viele andere bekommen, die aber im Dunkeln bleiben, weil alle nur auf diese eine fehlende schauen.

Ich spreche diese Sache hier deswegen so deutlich an, weil die falsche Wahrnehmung ja vorwiegend in den Köpfen der Erziehenden stattfindet. Bin ich zum Beispiel selbst ein großer Schriftsteller, wird sich doch zumindest ein Teil meiner Begabung auf das Kind vererbt haben! Wenn dieses aber nicht einmal einen geraden Satz schreiben kann, kann nur der Unterricht schuld sein. Ob sich das Kind mit seinem Geschick als Handwerker eine goldene Nase verdienen könnte, interessiert mich nicht. Ich wollte das ja auch nie werden … Das Gleiche gilt also auch umgekehrt.

Ein Kind ist kein Spielzeug und kein Ersatz. Liegen seine Fähigkeiten auch auf einem Gebiet, das mir selbst absolut uninteressant ist, muss ich diese fördern und darf unter keinen Umständen versuchen, es in Richtung meiner Interessen zu lenken und zu erziehen.

»Wahr-nehmen« bedeutet schließlich, die Wahrheit zu sehen, auch wenn sie einem nicht gefällt. Und es bedeutet zuallererst, zu sich selbst ehrlich zu sein die Frage betreffend: Wen will ich wirklich glücklich machen? Mich oder mein Kind?

Die Welt einmal mit Kinderaugen sehen

Wenn es auch bei der Erziehung vorrangig um Kinder geht, betrifft die Kunst der Wahrnehmung natürlich auch

Sie als Erziehenden. Der Maler Henri Matisse hat das einmal recht treffend auf den Punkt gebracht: »Man muss die Welt zeitlebens mit den Augen eines Kindes betrachten.« Das ist für viele Erwachsene zwar zunächst schwieriger, als es zunächst einmal den Anschein erweckt. Dann aber kann es völlig neue Perspektiven auch in das eigene Leben bringen.

Wollen Sie es versuchen? Dann nehmen Sie bitte eine beliebige Kamera zur Hand. Das kann auch eine ganz kleine, billige sein, es geht hier darum, sehen zu lernen. Erkunden Sie jetzt Ihre Umwelt aus der Perspektive eines Kindes. Vergessen Sie dabei nicht, dass die Augen und damit der Kamerastandpunkt irgendwo zwischen Ihren Knien und Ihrer Hüfte liegen, gehen Sie also gegebenenfalls in die Hocke, oder legen Sie sich auf den Boden. So Sie das Ganze halbwegs ernsthaft betreiben, wird sich Ihnen Erstaunliches offenbaren: wie riesengroß eigentlich die Rutsche ist, die Ihnen heute bis knapp über die Schultern geht. Wie endlos ein Treppenhaus plötzlich wird, wenn man zu klein ist, um das Ende zu sehen. Dass man als Kind von einer Menschenmenge, die ein Großer locker überblickt, nichts anderes sieht als Beine, Beine und wieder Beine. Und man deshalb immer wieder in die Höhe gehoben werden möchte.

Betrachten Sie auch die Dinge mit der Neugier, der Ruhe eines Kindes. Entdecken Sie alles, als hätten Sie es noch nie gesehen. Schauen Sie die Dinge nicht nur an, fühlen Sie sie, riechen Sie an ihnen, gönnen Sie sich ganz bewusst die Freude am Entdecken, wie Sie es einst als Kind so selbstverständlich getan haben.

Im Laufe der Zeit werden Sie auch die erfreuliche Feststellung machen, dass Erziehung keine Einbahnstraße ist.

Selbst wenn es oberflächlich betrachtet so anders aussieht, jede Erziehung ist immer ein Geben und ein Bekommen.

Kinder haben alle Freude, Ruhe, Zeit und Liebe dieser Welt. Und sie sind vorbehaltlos bereit, diese mit Ihnen zu teilen. Wenn Sie nur bereit sind, sie anzunehmen.

Auch Vorbilder machen Fehler

Ein Kind gibt Ihnen aber auch noch etwas anderes: umgehende Rückmeldung auf Ihre Erziehungstechniken. Auch wenn das offensichtlich von vielen Erwachsenen im Übereifer nicht wahrgenommen oder ignoriert wird. Vielleicht sind sich auch viele einfach so sicher, dass ihr Weg der richtige ist, dass sie auf jede Überprüfung aus der Distanz verzichten. Das finde ich insofern erstaunlich, als sonst ja eher das Gegenteil üblich ist. Selbst wenn Sie eine im Grunde so einfache Tätigkeit ausführen wie das Bemalen einer Zimmerwand, treten Sie doch von Zeit zu Zeit zurück, um Ihr Werk aus der Distanz zu betrachten, oder? Nur so können Sie gegebenenfalls Fehler finden und diese korrigieren. Auch kämen wohl nur wenige auf die Idee, die Ursache eines Flüchtigkeitsfehlers bei der Wand zu suchen und nicht bei sich selbst.

Ganz anders verhalten sich Menschen bei der Erziehung. Erst gehen sie unbeirrt viele Jahre ihren Weg. Erst wenn das Ausmaß der Verirrung zu groß geworden ist, dass man es beim besten Willen nicht mehr übersehen kann, kommen das große Erstaunen und die Fehlersuche beim Kind. Es ist, als forderte ein Reiseleiter seinen Buschauffeur auf, erst einmal für mindestens zwölf Stunden einer bestimmten Straße zu folgen, und legte sich dann schlafen. Erst als er in einer falschen Stadt erwacht, muss er erkennen, leider die falsche Abzweigung genommen zu haben.

Klar gab es unterwegs immer wieder Hinweisschilder, an denen der Reiseleiter sein Abweichen von der richtigen Route hätte erkennen können. Aber er war sich seiner Sache so sicher, dass er eine Überprüfung nicht für notwendig hielt. Natürlich würden Sie ein solches Verhalten bei keinem Führer akzeptieren. Warum aber dann in der Erziehung?

Wo Menschen arbeiten, so sagt ein altes Sprichwort, da passieren Fehler. Das gilt für Reisen genauso wie für die Entwicklung. Das ist an sich auch kein Problem. Wichtig ist nur, wie man reagiert, wenn einmal etwas falschgelaufen ist. Da gibt es dann mehr oder weniger glückliche Möglichkeiten.

Folgen Sie mir doch bitte kurz auf einen Skihang. Hier findet gerade ein sehr wichtiges Slalom-Rennen statt. Der Vorsprung des Topfavoriten ist mit mehreren Sekunden so groß, dass er in jedem Fall gewinnt, solange er nur das Ziel erreicht. Er fährt also los, nimmt Stange um Stange, liegt toll in der Zeit. Knapp vor dem Ende passiert es dann: Er fährt an einem Tor vorbei. Da er den Fehler im selben Moment bemerkt, hat er noch zwei Möglichkeiten, zu reagieren. Erstens, einfach weiterzufahren, so zu tun, als wäre nichts gewesen, und zu hoffen, dass niemand es gesehen hat. Sollte es doch zu einer Diskussion kommen, könnte er immer noch seine Favoritenrolle ausnutzen und sagen, dass einem so guten Skifahrer wie ihm so etwas nie passieren würde und, wenn nötig, auf die Strecke und den schlecht gesteckten Kurs schimpfen. Vielleicht käme er damit durch. Die zweite Möglichkeit ist, sofort stehen zu bleiben, den Fehler zu akzeptieren, den Schritt wieder zurückzugehen und dort weiterzumachen, wo das Missgeschick passiert ist. Wenn es noch einen Weg zum Sieg gibt, dann ist es dieser.

Gleiches gilt für Sie als Erzieher. Auch wenn Sie nicht immer alles mit Ihrem Kind diskutieren müssen, sich selbst gegenüber sollten Sie ausnahmslos immer ehrlich sein. Stellen Sie sich nach jeder Handlung die Frage, ob Sie so handeln wollten.

Sollten Sie einmal zu der Meinung kommen,
etwas falsch gemacht zu haben, dann akzeptieren Sie das.

Finden Sie aber nachher keinesfalls eine Begründung, warum die Fehlhandlung im konkreten Fall einfach unumgänglich war. Sie wird Ihnen sonst zur selbstverständlichen Gewohnheit und gerät irgendwann außer Kontrolle.

Die Kunst der Wahrnehmung ist die Kunst der Gegenseitigkeit

Im letzten Kapitel habe ich das Thema »schlagen« angesprochen. Es kann hier schön als Beispiel dienen. Aus vielen Gesprächen mit Erziehenden, aber auch aus der Beobachtung von Erwachsenen weiß ich, dass es leider Momente gibt, in denen Menschen trotz allerbester Vorsätze die Beherrschung verlieren und zuschlagen.

Wenn es aber einmal passiert ist, beginnt in den Köpfen die Rechtfertigungsmaschinerie zu laufen. Das Zuschlagen, noch vor wenigen Sekunden schlicht undenkbar, wird plötzlich erklärbar, verständlich und sogar durch das Benehmen des Geschlagenen notwendig. Es fallen Sätze wie: »Der hat provoziert und mir einfach keine Wahl gelassen.« Besonders verstärkt wird diese Idee durch die Wahrnehmung, dass die gewünschte Verhaltensänderung ja auch tatsächlich eingetreten ist. Was das angewendete Mittel der Gewalt für ähnlich gelagerte Fälle in der Zukunft natürlich gleich um vieles attraktiver macht. Lassen Sie das. Oder wollen Sie, dass Ihr Kind in der Zukunft für jedes Fehlverhalten eine Erklärung findet, warum gerade dieses das einzig Mögliche und Richtige war?

Nicht zuletzt ist die Kunst der Wahrnehmung auch eine Kunst der Gegenseitigkeit. Zum einen gilt es, zu lernen, dass das, was ich aussende, und das, was bei meinem Gegenüber ankommt, nicht immer das Gleiche ist. Entscheidend für den Erfolg einer Kommunikation ist aber nur Letzteres. Denken Sie an das Beispiel der Schrei-Kommunikation aus dem letzten Kapitel. Auch wenn Sie selbst Ihr Verhalten nicht als kränkend oder gar beleidigend empfinden, können Sie bei Ihrem Gegenüber genau diese Emotionen hervorrufen. Das zu erkennen und die eigene Wirkung auf andere wahrzunehmen, kann Ihnen aber niemand abnehmen.

Zum anderen muss jeder gute Erziehende lernen,
dass auch seine eigenen Fähigkeiten mit all dem vielen wachsen,
das er von den Kindern zurückbekommt. Sobald er denn bereit ist,
das wahrzunehmen.

DIE PERSÖNLICHKEIT
DES EIGENEN KINDES ERKENNEN

Die folgenden Fragen sollen Ihnen helfen, Ihre Wahrnehmung zu schärfen.

Was macht Ihr Kind besonders?

....

Welche Eigenschaften hat es von Ihnen?

....

Welche vom anderen Elternteil?

....

Welche Fähigkeiten vermissen Sie bei Ihrem Kind?

....

Wann haben Sie das letzte Mal Ihrem Kind gegenüber einen Fehler gemacht? Wie sind Sie damit umgegangen?

....

Soll man sich Kindern gegenüber entschuldigen?

....

Wie kann man das Ergebnis von Erziehung überprüfen?

....

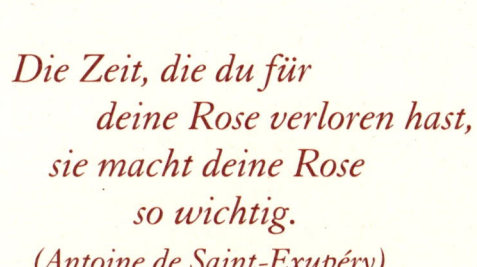

*Die Zeit, die du für
       deine Rose verloren hast,
sie macht deine Rose
       so wichtig.*
(Antoine de Saint-Exupéry)

5. Die Kunst der Zuwendung

*So, wie es beim Zirkel notwendig ist, einen Punkt
festzulegen, damit der Kreis genau wird, so ist beim
Aufbau des Kindes die Aufmerksamkeit der wesent-
lichste Punkt. (Maria Montessori)*

Lerne, dass Zeit und Zuwendung das Kostbarste sind, was ein Mensch zu geben hat.

Vor einigen Jahren sollte ein bekannter Musiker in meiner
Stadt ein großes Konzert geben. Alles war vorbereitet, die
Band war da, die Vorgruppe hatte bereits gespielt,
Publikum und Veranstalter warteten nur noch auf den
Star. Doch die Zeit verging, die Menschen wurden unru-
hig, nur der Star des Abends – er kam nicht. Das Ganze
führte naturgemäß zu großer Aufregung und Diskussion
und landete schließlich vor dem Gericht. Dort wurde der
Künstler gefragt, warum er denn so kommentarlos nicht
zu dem Konzert erschienen sei. Seine Antwort war ebenso
kurz wie klar: »Ich hatte keine Lust.« Ob es nun richtig
oder professionell ist, zu einem angesetzten Konzert einfach nicht zu erscheinen, nur weil man keine Lust hat, mögen andere entscheiden. Mir geht es hier um etwas ganz
anderes.
Lassen wir nämlich einmal alle rechtlichen und sonstigen
Konstruktionen beiseite, dann wäre es doch auch möglich
gewesen, die Stimme des Sängers vom Band einzuspielen.

Die Zuschauer hätten ihr Konzert bekommen und wenigstens die Musik gehört. Trotzdem aber wären sie sehr wahrscheinlich wohl mit dieser Lösung nicht zufrieden gewesen. Warum eigentlich? Haben sie nicht für das Hören der Musik bezahlt? Offensichtlich nicht. In Wirklichkeit hatten sie mit den Karten für dieses Konzert die Zeit und die Zuwendung des Musikers gekauft, die ihnen für die Dauer des Abends gehören sollten. Deshalb hätte die Musik alleine auch nichts ausrichten können.

Ich finde es auch immer wieder faszinierend, zu beobachten, wie Menschen fast ohnmächtig werden, sobald der verehrte Star die Bühne verlässt, sich auf sie zubewegt und sie vielleicht sogar noch umarmt. Diese Reaktion ist übrigens weder peinlich noch komisch. Sie zeigt einfach, dass Zeit und Zuwendung die zwei kostbarsten Dinge sind, die ein Mensch zu geben hat. Auf der anderen Seite macht es aber auch deutlich, dass man sich dabei nicht vertreten lassen kann. Sie wollen ja schließlich auch Ihr Autogramm vom Künstler selbst und nicht von dessen Schwiegermutter, nicht wahr?

Zeit für Kinder zu haben ist der Grundstein für eine gelungene Erziehung

Ich habe Ihnen in einem der vorigen Kapitel gesagt, dass Sie, ob Sie es wollen oder nicht, für Ihr Kind der allergrößte Star sind. Und wie es nicht gleichgültig ist, ob der Sänger selbst oder sein Manager einen Fan berührt, können auch Sie sich bei manchem nicht vertreten lassen. Die Zuwendung, die Sie Ihrem Kind geben, kann tausend andere Menschen gemeinsam nicht ersetzen. Andererseits ist natürlich gerade in der heutigen Zeit das vermeintlich knappste und damit kostbarste Gut die menschliche Zeit. An nichts anderem, so habe ich manchmal das Gefühl, herrscht solch ein Mangel. Das bekommen viele Kinder zwangsläufig auch zu spüren. Eltern, die zwölf Stunden am Tag arbeiten, wollen verständlicherweise danach ihre Ruhe und haben für die Kinder nur noch sehr eingeschränkt Zeit. Warum aber ausgerechnet für die Kinder? Tausende Male habe ich schon Eltern jammern gehört: »Ich habe ja ein schrecklich schlechtes Gewissen. Aber irgendwie fehlt mir die Zeit für die Kleinen.« Wieso aber, so frage ich manchmal, vernachlässigen diese Menschen nicht mit der gleichen Selbstverständlichkeit ihre Arbeit, ihre Hobbys oder ihre Freunde? Ich denke, weil es eine menschliche Eigenschaft ist, den leichtesten Weg zu gehen.

So entzieht man auch Zeit und Zuwendung am einfachsten denjenigen, die sie am wenigsten einfordern können. Und das sind nun mal die Kinder.

Vor einiger Zeit kam ein Bekannter von seiner ersten Reise auf einen fernen Kontinent zurück. Er war dort mit großen Erwartungen hingefahren, weil man ihm erzählt hatte, dass die Menschen dort besonders freundlich seien. So war er auch gleich voller Freude, als ihn die Kassiererin im Supermarkt zur Begrüßung fragte, wie es ihm denn gehe. Mein Bekannter war damals gerade in einer schwierigen Situation und nahm das vermeintliche Angebot der Zuwendung umgehend an. Doch schon nach den ersten drei Sätzen musste er am verblüfften Gesicht der Angestellten erkennen, dass das Interesse an seiner Situation nicht echt war. Sie denken jetzt sicher, dass ja wohl klar sei, dass Interesse und Freundlichkeit rein professionell seien. Ist es auch. Trotzdem zeigt es sehr deutlich, wie sehr auch Erwachsene Zuwendung notwendig haben und wie wenig die meisten von uns in der Lage sind, diese zu geben.

Wenn Computerspiele Zuwendung ersetzen ...

Ich habe mir in diesem Zusammenhang auch oft überlegt, was Menschen eigentlich so an Computern und an elektronischen Spielen fasziniert. Am Ende ist es wohl nichts anderes als Zuwendung. Klingt eigenartig, ist es aber nicht. Eines der wichtigsten Bedienungskonzepte, die der heute größte Software-Hersteller mit seinem neuen Betriebssystem der Welt eingeführt hatte, war nämlich das Prinzip der Rückmeldung. Das bedeutet, dass in den Anfängen der Computerzeit das Gerät einen richtig eingegebenen Befehl einfach kommentarlos zur Kenntnis nahm und auf einen unbekannten einfach nicht reagierte. Mit der Einführung des neuen Betriebssystems war der Computer nun plötzlich in der Lage, auf Eingaben zu reagieren, dem Benutzer also gleichsam eine Rückmeldung auf sein Verhalten zu geben. So scheint auch vielen Kindern und Jugendlichen aus genau diesem Grund der Computer so etwas wie ein Partner geworden zu sein, der ihnen die fehlende Zuwendung ersetzt.

Was dieses Beispiel schön zeigt, ist,
dass nicht wichtig ist, was tatsächlich ist,
sondern was ein Mensch fühlt.

Denn auch wenn eine Eingabe noch so richtig ist, ohne Bestätigung fühlt sie sich falsch an. Auch die Werbung hat bereits vor langer Zeit dieses Prinzip erkannt.

Ich erinnere mich noch gut, als zu Beginn einer Waschmittelwerbung ein gutgekleideter Mann auf dem Bildschirm erschien und nicht wie erwartet zuerst die Vorteile des Produkts anpries. Vielmehr begrüßte er zum allgemeinen Erstaunen die Zuseher mit einem freundlichen »Guten Abend!«. Die Idee war damals so revolutionär, dass sie bis heute Nachahmer findet.

Achtsamkeit statt Gleichgültigkeit

Trotz allem bestimmen heute Zeitmangel und Genervtheit unsere Konversation. Oft hat man das Gefühl, jeder möchte ein Gespräch so schnell wie möglich hinter sich bringen, um sich schon der nächsten Sache zuwenden zu können. Die Unfähigkeit oder den Unwillen, zuzuhören, bekommen aber nicht nur Kinder zu spüren. Auch Erwachsene werden Opfer des Problems. Da diese darauf üblicherweise viel prompter und heftiger reagieren, kann man bei ihnen schön zeigen, wie sich verweigerte Zuwendung zu einem veritablen Problem auswächst. Vor einigen Jahren brachte ein großer Prozessorhersteller das erste Modell eines völlig neuen Prozessors auf den Markt. Das Teil wurde mit großem Marketingaufwand eingeführt und hätte sehr wahrscheinlich auch die Position des Marktführers ausgebaut. Selbst ein ganz kleiner Fehler, nämlich dass der Prozessor unter ganz bestimmten, sehr seltenen Umständen an einer hinteren Kommastelle einen Rundungsfehler machte, wäre da nicht ins Gewicht gefallen. Hätte nur der für die

Kundenbeschwerden zuständige Hotline-Mitarbeiter Zuwendung gelernt. Denn der Fehler blieb selbstverständlich nicht unentdeckt. Und so meldete sich eines Abends ein Professor einer großen Universität bei dem Unternehmen, um diesem von dem Rundungsproblem zu berichten. Ein guter Hotliner hätte dem Professor für seinen Anruf und seine Mühle gedankt und ihn gefragt, ob man ihn gegebenenfalls noch einmal kontaktieren dürfe, wenn der Fehler behoben sei. Sehr wahrscheinlich hätte sich der Anrufer angenommen gefühlt und die Sache auf sich beruhen lassen. Der Mitarbeiter, der die Beschwerde entgegennahm, wollte aber nichts anderes, als den unerwünschten Anrufer schnellstmöglich loszuwerden. Woraufhin der Professor seine Zuwendung bei den Medien suchte, die sie ihm auch bereitwillig gaben. Hätte der Hersteller seinen größten Kunden nicht mit einem Trick von seinen Fähigkeiten überzeugt, die unachtsame Reaktion eines kleinen Mitarbeiters hätte einen ganz großen Konzern in die Tiefe reißen können.

Mit Zuwendung das Böse schwächen

Neben der Frage nach dem »freien Willen« hat mich noch eine andere Sache viele Jahre und viele Diskussionen lang beschäftigt. Die Frage, ob man bereits als »guter« oder »böser« Mensch geboren wird. Ist das Wesen also bereits als Veranlagung vorherbestimmt, oder macht erst das Umfeld eine Person zu dem, was sie später wird? Ich will ehrlich zugeben, dass ich lange der Meinung war, dass Menschen, die in ihrem späteren Leben gegen gesellschaftliche Normen verstoßen, schon so auf die Welt kommen. Heute sehe ich das anders. Denn wenn die Natur von sich aus kein Gut und kein Böse kennt, wie kann sie dann einen solchen Menschen hervorbringen? Zu Beginn seines Lebens ist jeder Mensch mit bestimmten Eigenschaften ausgestattet, mit Stärken und mit Schwächen. Das ist keine Ansichtssache, sondern Fakt. Ein Elefant zum Beispiel ist extrem stark in der körperlichen Kraft, aber extrem schwach im Klettern. Und ein Mensch mit einem extrem starken Willen kann später durchsetzungskräftig oder aber skrupellos werden. Bildlich gesprochen werden alle angeborenen Eigenschaften im Laufe der Entwicklung noch mit Liebe, Zuneigung und Verständnis verdünnt. Je mehr oder weniger ein Kind davon bekommt, desto stärker neigt es nachher in die eine oder andere Richtung.

Mit Kindern auf Augenhöhe kommunizieren

In erster Linie ist nun die Kunst der Zuwendung eine Kunst der Kommunikation.

Wer als Kind nicht gelernt hat, zu kommunizieren, muss entweder versuchen, es noch als Erwachsener zu lernen, oder aber sein Leben lang stumm bleiben.

Kränkend ist schließlich selten das, was gesagt wird, sondern wie es gesagt wird. Sprache ist schließlich ein wichtiges Instrument der Macht und eine sehr demonstrative Möglichkeit, jemand anderem seine Zuwendung zu entziehen. Ich will es Ihnen demonstrieren. Ob ich schreibe: »Alle bei Ihnen selbst erkannten Fehler sind umgehend in das auf eigene Kosten beizubringende Notizheft einzutragen«, oder: »Sobald Sie erkennen, dass Sie einen Fehler gemacht haben, notieren Sie diesen bitte sofort. Ich ersuche Sie, zu diesem Zweck ein eigenes Notizheft zu besorgen«, macht einen gewissen Unterschied. Selbst wenn ich beide Male das Gleiche gesagt habe, würden Sie ein im Befehlston geschriebenes Buch wohl nach kurzer Zeit wieder zur Seite legen. Das stimmt schon, könnten Sie jetzt sagen. Aber warum ist es dann nicht das Natürliche, auf die freundliche Art zu kommunizieren? Ich meine, warum tun es dann nicht alle? Weil es zwischen diesen beiden Sätzen einen grundlegenden Unterschied gibt: Der zweite Satz ist als die allseits bekannte »Ich«-Botschaft formuliert. Wenn aber ich etwas möchte, anordne oder verbiete, dann muss auch ich die Verantwortung dafür übernehmen. Daher fällt es auch den meisten Erwachsenen leichter, ihrem Kind zu sagen: »Das darf man nicht«, statt: »Das will ich nicht.« Schließlich bedeutet »nicht dürfen« am Ende ja nichts anderes, als dass jemand anderer es nicht will.

Vielleicht noch wichtiger als die Frage, was wir sagen, ist die Tatsache, wie wir es sagen. Der Ton, so heißt es auch so schön, macht die Musik. Wie wichtig dieser Ton tatsächlich ist, können wir einerseits bei Tieren sehen, die zwar unsere Worte nicht verstehen, aber trotzdem genau wissen, was gemeint ist. Auch mit Menschen, deren Sprache wir nicht verstehen, können wir durch das Wie des Sprechens kommunizieren. Interessanterweise kontrollieren aber die meisten Menschen viel mehr ihre Worte als ihre Art zu sprechen. Dabei macht ja erst die Tonmelodie die Frage »Bist du wahnsinnig?« zu einer gewollten Beleidigung. Andernfalls kann sie ja auch ein gewisses Erstaunen ausdrücken.

Emotional zu sein ist cool!

Eine andere Seite der Zuwendung ist die Fähigkeit, mit fremden Problemen und Emotionen umzugehen. Heutige Kinder werden traurigerweise in eine Zeit hineingeboren, in der viele Gefühle als unschick gelten. Ein erfolgreicher Mensch hat immer ausgeglichen, glücklich und fröhlich zu sein. Viele Erwachsene haben daher selbst nie gelernt, mit ihrem eigenen Zorn, ihrer Enttäuschung und ihrer Trauer umzugehen. Umso weniger können sie dies nun bei den Kindern. Das wird besonders dann zum Problem, wenn Erziehende glauben, die negativen Gefühle des Kindes verantworten zu müssen, und nun nicht wissen, was sie tun sollen. Immer wieder höre ich, wie Eltern weinenden Kindern zuschreien: »Hör endlich auf mit dem Weinen, sonst gebe ich dir einen Grund dafür!« Dabei ist die eigentliche Ursache für den kindlichen Schmerz vielleicht eine verlorene Puppe oder eine zerbrochene Freundschaft.

Ganz ähnlich verhält es sich auch mit Menschen, die sich die Probleme anderer nicht anhören können, weil sie sich dabei im Wortsinn hilflos fühlen. Sie stehen dabei, wissen nicht, wie sie sich verhalten sollen, und werden dadurch aggressiv.

Schreiben Sie bitte in Ihr Notizheft folgenden Satz: »Was andere tun sollen, wenn ich traurig/wütend bin:« Jetzt versetzen Sie sich in diese Situation. Überlegen Sie, was Sie sich von Ihrem Umfeld wünschen, und notieren Sie es. Wenn jetzt in Ihrem Notizheft etwas in der Art steht wie: »Jemand, der da ist und mir zuhört, ohne sich einzumischen«, dürfen Sie getrost darunterschreiben: »Genau das will mein Kind auch.« Wenn es wieder einmal so weit ist, denken Sie daran, und handeln Sie danach.

Jeder Augenblick ist kostbar

Eines Tages, so erzählte der deutsche Mönch Meister Eckhart, wurde ein Weiser gefragt, welches die wichtigste Stunde im Leben sei, welcher der bedeutendste Mensch und welches das notwendigste Werk. Der Weise antwortete: Die wichtigste Stunde ist immer die Gegenwart, der bedeutendste Mensch ist immer der, der dir gerade gegenübersteht, und das notwendigste Werk ist immer die Liebe. Beim ersten Lesen erschien mir diese Geschichte eben als Geschichte.

Bis mir plötzlich klargeworden ist, dass die wichtigste Stunde, der wichtigste Mensch und das wichtigste Werk nichts Gegebenes sind, sondern das, was ich dazu mache.

Wie oft, so habe ich mich dann gefragt, habe ich dem Menschen, mit dem ich gerade gesprochen habe, nicht die nötige Aufmerksamkeit geschenkt, die er verdient hat? Und wie oft sehen Erwachsene Kinder nur als Störfaktoren, die sie zwischen zwei Tätigkeiten aufhalten?

Wie geht es Ihnen selbst? Sind Sie mit all Ihren Gedanken bei jeder Person, mit der Sie gerade sprechen, oder denken Sie schon an den nächsten Menschen oder an die Arbeit, die Sie nach Abschluss des Gesprächs machen werden? Ich habe mir für mich selbst angewöhnt, jeden Menschen, der mir seine Aufmerksamkeit schenkt, zum wichtigsten zu machen. Auch wenn mir das nicht immer gelingt, so doch meistens. Und Sie dürfen mir glauben, es wirkt meistens Wunder. Auch wenn es in den Köpfen vieler Menschen verankert ist, Zuwendung hat in keinster Weise etwas damit zu tun, jemand anderem nach dem Mund zu reden.

Ganz im Gegenteil, oft wird nicht geübte Kritik als Desinteresse verstanden.

Nehmen wir als Beispiel ein Kind, das mit einem Bild zum Ausmalen zu Ihnen kommt. Die rechte Seite ist ganz exakt ausgemalt, hier hat es sich offensichtlich sehr viel Mühe gegeben. Links kann man deutlich erkennen, dass der Wunsch, endlich fertig zu werden, schon sehr groß war. Die Flächen sind nicht gleichmäßig, und auch die Ränder könnten genauer gemalt sein. Versuchen Sie jetzt dem Kind einen Gefallen zu tun, indem Sie nach einem kurzen Blick auf das Bild sagen: »Das hast du ganz toll gemacht!«, dürfen Sie sich über seine Enttäuschung nicht wundern. Selbst wenn es viele Erwachsene nicht glauben, weiß auch ein junger Mensch sehr genau, worauf er wie viel Mühe verwendet hat, und wird annehmen, dass Sie sich für seine Arbeit nicht interessieren. Umgekehrt kann man mit aufbauender Kritik bei einem Menschen sehr viel Positives bewirken. Sagen Sie nämlich zu dem Kind: »Hier hast du dich ja ganz toll bemüht! Nur auf dieser Seite, glaube ich, nicht mehr ganz so sehr. Ich glaube, du kannst es genauer!«, fühlt es sich angenommen und hat Ansporn, das nächste Mal noch besser zu sein.

Lob ist die beste Medizin

Ich habe mir übrigens in meinen Fotokursen grundsätzlich angewöhnt, immer zuerst das Gute an einer Arbeit hervorzuheben, und dann zu sagen, was man noch besser machen könnte. Sie fragen jetzt vielleicht: »Und wenn sich ein Teilnehmer gar keine Mühe gegeben hat, dann loben Sie ihn auch? Lernt er damit nicht, dass er sich überhaupt nicht anstrengen muss, um ein Lob zu bekommen?« Das kann durchaus sein. Aber da mein einziges Ziel ist, dass die Teilnehmer für sich selbst immer besser werden, muss ich sie dazu bringen, mir zuzuhören, um dann selbst ehrlich über ihre Arbeit zu reflektieren. Ich bin mir aber auch darüber im Klaren, dass viele Lob für etwas Gefährliches halten. Lobt man ein Kind zu viel, so habe ich oft gehört, könnte daraus später ein Erwachsener mit übersteigertem Selbstwertgefühl werden. Auch hier bin ich der gegenteiligen Meinung.

Wer als Kind aufrichtige und ehrliche Anerkennung
bekommen hat, wird später sowohl mit Anregungen und auch mit
Kritik umgehen können als auch wissen, dass der Weg zu guter
Leistung immer über Lob, niemals aber über Tadel funktioniert.
Menschen lernen schließlich aus der Freude am Erfolg und
nicht aus der Trauer über den Misserfolg.

Sich zurücknehmen können

Nicht zuletzt bedeutet Zuwendung, die es einem Kind ermöglichen soll, sich zu entwickeln, auch das vermeintliche Gegenteil. Es heißt nämlich, sich zurückzunehmen. Der Entwicklung des Kindes ihre Zeit zu geben und nicht sofort hektisch einzugreifen, wo etwas für unsere Begriffe nicht schnell genug funktioniert.

Nehmen wir zum Beispiel an, Sie möchten eine Fremdsprache lernen. Nachdem Sie die grammatikalischen Grundregeln und auch einige Vokabeln gelernt haben, fahren Sie mit mir als Ihrem Lehrer in jenes Land, in dem die Sprache gesprochen wird. Schon nach kurzer Zeit sucht ein Einheimischer das Gespräch mit Ihnen. Sie verstehen ihn zwar gut, aber da Sie noch nicht sehr viel Übung im Sprechen haben, suchen Sie bei der Antwort nach Vokabeln. Da ich weiß, was Sie sagen möchten, falle ich Ihnen sofort ins Wort und übernehme den Satz für Sie. Schließlich ist es schneller und einfacher, und Sie hören ja auch gleich, wie es richtig gehört. Wie aber denken Sie, wird sich das auf Ihre Sprechpraxis und Ihre Freude am Sprechen auswirken? Ich glaube nicht, dass Sie mit so einem Sprachlehrer ernsthaft Freude hätten. Warum aber, so frage ich mich dann, verhalten sich viele Erziehende auf genau diese Art? Sie kennen das doch: Ein Kind beginnt einen Wunsch zu äußern. Die Formulierung beginnt naturgemäß noch mühsam. Aber da eilt auch ein Erwachsener herbei, um diese zu vervollständigen und den Ablauf zu beschleunigen. Abgesehen davon, dass ein Mensch so schon sehr früh das Gefühl bekommt, dass er den Ansprüchen der Gesellschaft nicht genügt, ist der Lerneffekt beim Selbst-Entdecken ein ganz anderer. Wie hat schon Konfuzius gesagt?

»Sage es mir, und ich vergesse es; zeige es mir, und ich erinnere mich; lass es mich tun, und ich behalte es.«

Wirkliche Zuwendung, das zeigt nicht nur dieses Beispiel, braucht Zeit. Nehmen Sie sich diese ganz bewusst. Am Ende ist es genau die Zeit, die Sie für Ihr Kind aufzuwenden bereit sind, die Ihr Kind einzigartig machen wird.

WIE WICHTIG ZUWENDUNG IST

Zuwendung ist etwas, das man bewusst geben muss. Die Fragen im Anschluss sollen Ihnen Ihren Umgang mit diesem Thema bewusst machen.

Was kann Sie davon abhalten, Zeit mit Ihrem Kind zu verbringen?

....

Kann man Zuwendung auch übertreiben?

....

Wie vermitteln Sie Ihrem Kind Ihre Zuneigung?

....

Wo fällt es Ihnen schwer, sich zurückzunehmen?

....

Wer ist in dieser Sekunde der wichtigste Mensch?

....

Welche Gefühle löst der Anblick eines weinenden Menschen bei Ihnen aus?

....

Waren Ihre Erziehenden sich der Macht ihrer Sprache bewusst?

....

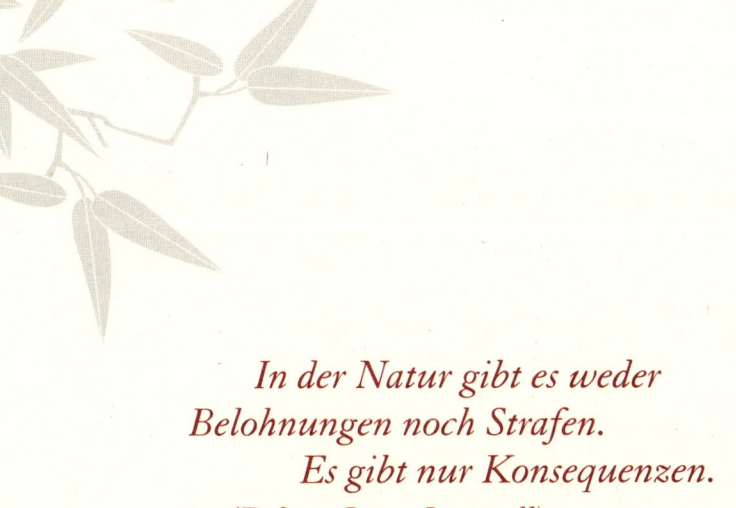

*In der Natur gibt es weder
Belohnungen noch Strafen.
Es gibt nur Konsequenzen.*
(Robert Green Ingersoll)

6. Die Kunst der Konsequenz

Wer mit Güte nichts erreicht, erreicht auch nichts mit Strenge. (Anton Tschechow)

Lerne, dass Konsequenz Sicherheit und Schutz und nicht Bedrohung ist.

Ich hatte in der letzten Zeit oft das Gefühl, es gäbe da eine Meinung, dass konsequentes Verhalten anderen gegenüber diese ihrer Freiheit berauben würde. Eine Welt ohne Konsequenz? Finde ich interessant. Ich habe mir dann einmal überlegt, wie so etwas in der Realität aussehen könnte.

Kommen Sie doch einmal mit in meine neue Firma. Hier sind natürlich am meisten die Mitarbeiter betroffen, für die sich schon einiges ändert. Die erste Neuerung: Es gibt keine festgesetzten Dienstzeiten mehr. Wer nach Hause gehen möchte, kommt in mein Büro, und ich entscheide individuell nach meiner Tagesverfassung für jeden Mitarbeiter, ob seine Arbeit für heute erledigt ist, oder ob er noch bleiben muss. Wer Glück hat und mich bei guter Laune antrifft, kann zeitig gehen, hatte ich aber gerade ein Problem mit einem Kunden oder Zahnschmerzen, kann sich die Arbeitszeit durchaus auch auf zehn Stunden und mehr ausdehnen. Selbstverständlich findet in die Abwägung dieser Entscheidung auch die Frage Eingang, wie lange ich mit dem entsprechenden Mitarbeiter diskutieren müsste, damit er länger bleibt. Angestellte, die zum Streit neigen und aggressiv auf ihr Recht pochen, dürfen selbstverständlich früher gehen. Natürlich brauchen meine Mitarbeiter auch nicht mehr jeden Tag konsequent zu kommen. Und ob ich möchte, dass jemand weiter bei mir arbeitet, entscheide ich immer in der Früh des jeweiligen Tages. Dann müssen alle vor dem Telefon sitzen und darauf warten, ob ich sie anrufe. Ach ja, eine Zeitlang hat das ganz gut funktioniert und war vor allem für mich sehr bequem. Mittlerweile aber machen die Beschäftigten eigentlich nur noch das, was sie wollen, oder kommen einfach gar nicht mehr. Sie finden meine Vision eigenartig? Ich auch. Aber leider ist sie so weit gar nicht hergeholt. Denn wenn man manchen Experten Glauben schenken darf, ist Konsequenz mit das Schlimmste, was man Kindern antun kann. Schließlich muss man doch in jeder Situation ganz individuell entscheiden, oder nicht?

Brauchen nur Kinder feste Strukturen?

Es gibt da etwas, was mich ganz generell schon sehr lange verwundert. Grundsätzlich scheinen fast alle Erwachsenen zu wissen, was für Kinder gut ist. Gleichzeitig wissen sie aber auch, dass sie genau diese Dinge selbst nicht haben wollen. Vielleicht hat das damit zu tun, dass viele Erziehende der festen Meinung sind, dass es einen großen Unterschied zwischen Kindern und Erwachsenen gäbe. Kinder, da sind sich die meisten einig, brauchen zum Beispiel viel mehr Struktur.

Vor einiger Zeit konnte ich genau diese erleben. Der von mir beobachtete Ort sperrte schon recht früh auf, und einer nach dem anderen trudelte langsam ein, Punkt acht Uhr waren alle da, es folgte eine kurze Ansprache der Leitung. Dann eine Zeit der stillen Beschäftigung, unterbrochen durch eine gemeinsame Aktivität, bei der sich alle um einen großen Tisch versammelten. Punkt zwölf, man hätte danach die Uhr stellen können, das gemeinsame Mittagessen, bei dem angeregte Plaudereien den Lärmpegel anhoben. Schließlich wieder stille Beschäftigung, bis es an der Zeit war, nach Hause zu gehen. Darf ich Sie etwas fragen? Bis zu welchem Alter, glauben Sie, brauchen Menschen diese strenge Struktur? Wohl länger, als die meisten es wahrhaben wollen. Der beschriebene Ablauf fand nämlich keineswegs in einer Kindertagesstätte statt. Die handelnden Personen waren Angestellte eines Unternehmens. Vielleicht ist also der Unterschied, den das Alter macht, doch gar nicht so groß?

Es gibt nichts im Leben ohne Konsequenz

Gehen wir zurück zur Konsequenz. Wie vieles andere im Leben folgt auch die Erziehung immer gewissen Strömungen. Je nachdem, in welche Richtung diese nun gehen, werden unschuldige Schlagworte mit einer guten oder mit einer bösen Bedeutung belegt. So auch das Wort »Konsequenz«. Abgeleitet vom lateinischen »consequi« bedeutet es eigentlich nichts anderes als »folgen«. Die Aussage, dass etwas Konsequenzen hat, ist also eine unumgängliche Tatsache, hat somit nichts mit Drohung oder gar Strafe zu tun.

Es gibt einfach nichts im Leben, was keine Auswirkungen, oder um es anders zu sagen, keine Konsequenzen hat.

Zu einem mir nicht bekannten Zeitpunkt hat sich dann die Erziehungslehre dieser Ausdrücke bemächtigt und sie einem bestimmten Lager zugeteilt. (Ein ähnliches Schicksal hatten auch »Autorität« und »Disziplin«. Aber dazu später mehr.) Wenn ich also von Konsequenz spreche, dann meine ich damit nichts anderes als ein Gesetz der Natur, eine Notwendigkeit, ohne die wir nicht leben könnten.

Genau genommen bedeutet Konsequenz ja nichts anderes, als dass ich mich auf gewisse Dinge verlassen kann.

Es beginnt damit, dass ich, wenn ich den Wasserhahn aufdrehe, davon ausgehe, dass auch wirklich Wasser herauskommt, und endet dort, wo ich am Monatsende mein Gehalt auf dem Konto erwarte. Konsequenz ist eine derartige Notwendigkeit, dass wir sie als Selbstverständlichkeit ansehen. Bei manchen Dingen muss man sich einfach darauf verlassen können, dass sie immer so sind, egal was passiert.

Grundsätzlich erwarten wir, dass andere Menschen Dinge, die sie zusagen, nachher auch tun, und dass eine Sache, die heute richtig ist, auch morgen noch Gültigkeit hat. Erstaunlicherweise ist das im wirklichen Leben gar nicht so selbstverständlich, wie man annehmen könnte. Denn hier, und das ist das Problematische, kann ich morgen für etwas, wofür ich heute ein Lob erhalten habe, bestraft werden. Lassen Sie mich ein Beispiel geben. Ich muss Sie aber ersuchen, hier nur die Fakten zu sehen und jede Wertung außen vor zu lassen. Es geht hier nicht um die Frage von richtig oder falsch, sondern vielmehr um ein prinzipielles Problem. Stellen Sie sich vor, Sie haben als junger Mensch Ihren Pflichtdienst als Soldat abzuleisten. Nach einer kurzen Einschulung besteht Ihre Aufgabe darin, die Grenze des Landes zu bewachen und dafür zu sorgen, dass diese niemand ohne Erlaubnis passieren kann. Es kommt, wie es kommen muss, und eine Gruppe verzweifelter Menschen versucht, sich an Ihnen vorbeizuschmuggeln, was Sie befehlsgemäß mit Waffengewalt verhindern. Sie töten niemanden, verletzen aber eine Person an der Hand. Noch am selben Tag bekommen Sie für diese heroische Tat eine hohe Auszeichnung. Für den Moment haben Sie offensichtlich richtig gehandelt. Im folgenden Jahr wird die Regierung Ihres Landes gewaltsam gestürzt, und an ihre Stelle treten Politiker der Opposition. Diesen war die Grenzpolitik ihrer Vorgänger schon immer ein Dorn im Auge, und so beschließen sie, ein Exempel zu statuieren. Das Gesetz wird geändert, der Einsatz von Waffen rückwirkend verboten, und alle, die sich nach diesen neuen Vorschriften in den letzten Jahren etwas zuschulden haben kommen lassen, werden zu langjährigen Haftstrafen verurteilt. Ich möchte noch mal betonen, dass es hier nicht um die Frage geht, ob man auf Befehl auf einen Menschen schießen darf und ob einem irgendjemand anderer dafür die Verantwortung abnehmen kann. Vielmehr möchte ich Sie fragen, wie es Ihnen in dieser Situation ginge? Schreiben Sie es bitte in Ihr Notizheft.

Ganz ähnlich geht es vielen Kindern, deren Verhalten je nach Laune der Erziehenden an einem Tag gelobt oder für lustig befunden und am nächsten Tag schrecklich bestraft wird. Wonach soll sich so ein Mensch richten?

Meinen Mitmenschen gegenüber bedeutet konsequentes Verhalten, dass diese sich auf eine Meinung und meine Handlungen verlassen können und dass ich diese nicht aus Bequemlichkeit ändere.

So hätten Sie mit Sicherheit auch keine Freude an diesem Buch, hätte ich mittendrin aufgrund des Einwands eines guten Freundes meine Meinung um 180 Grad gedreht, würde also plötzlich das komplette Gegenteil von dem vertreten, was ich am Anfang geschrieben habe. Das aber auch nur, um gegen Schluss meinen Lesern zuliebe wieder auf die ursprüngliche Schiene zurückzukommen.

Wer »A« sagt, muss auch »A« meinen

Wer ein guter Erziehender sein will, muss nicht beurteilen. Das ist, wie schon geschrieben, schlicht unmöglich. Was er aber tun muss, ist, konsequent in seinen Handlungen und in seiner Bewertung zu sein.

Nehmen wir an, ein Kind kommt mit einem selbstgemalten Bild zu Ihnen. Sie schauen es an und stellen fest, dass der darauf abgebildeten Person die Hände fehlen. Sie haben gerade Zeit, also erklären Sie dem Kind, wie es die Zeichnung noch verbessern könnte. Dieses geht, um die Korrekturen vorzunehmen. Zwanzig Minuten später, Sie sind gerade intensiv mit etwas völlig anderem beschäftigt, kommt Ihr Kind zurück und zeigt Ihnen die neue Zeichnung. Hier hat die Person zwar alle nötigen Gliedmaßen, die linke Hand aber nur drei Finger. Sie sehen das zwar, sind aber genervt und möchten das Kind so schnell als möglich wieder loswerden. Sie werfen also einen kurzen Blick auf das Gemalte und meinen dann: »Genauso habe ich das gemeint. Jetzt ist es sehr viel besser! Perfekt!« Was denken Sie nun, wird ein Kind aus so etwas lernen? Bei mir käme als Botschaft an, dass Lob nicht von der Qualität der Arbeit abhängt, sondern von der aktuellen Laune desjenigen, der es beurteilt.

Ganz Ähnliches beobachte ich manchmal, wenn Kinder darum betteln, eine bestimmte Sache zu bekommen oder etwas tun zu dürfen. Ist etwas in einer entspannten, ruhigen Situation völlig unmöglich, beginnt mit zunehmendem Stress bei den Eltern ein Abwägen des geringeren Übels: Ist es einfacher, mit dem Kind zu diskutieren oder es ihm zu erlauben? Eines haben wir wohl alle selbst als Kinder daraus gelernt: dass Reizworte wie »nur ganz schnell« oder »nur ganz kurz« die Entscheidung sehr zugunsten des Kindes beeinflussen. Damit Sie mich nicht falsch verstehen: Es geht hier überhaupt nicht um die Frage, ob man jemandem etwas erlauben oder verbieten soll.

Es geht hier ausschließlich darum,
dass man einen Plan haben muss, auf den sich
alle verlassen können.

Oder wollten Sie mit einem Reiseleiter unterwegs sein, der die angesteuerten Sehenswürdigkeiten nach Gutdünken auswählt? Der einfach die Besichtigung einer im Programm vorgesehenen Stadt auslässt, nur weil er keine Lust dazu hat? Würden Sie aber umgekehrt einem Reiseleiter viel Vertrauen entgegenbringen, wenn Sie diesen nur lange genug unter Druck setzen müssten, damit Sie noch drei extra Städte besuchen? Auch hier muss ein Ja ein Ja und ein Nein ein Nein sein.

Ich darf Ihnen versichern, dass zwischen Reisegruppen und kleinen Kindern der Unterschied gar nicht so groß ist, wie Sie jetzt wahrscheinlich denken. Auch Erwachsene maulen, jammern und drohen, wenn etwas nicht nach ihrem Kopf geht. Gerade deshalb muss aber ein Reiseleiter konsequent sein. Schon weil ja bestimmte Forderungen immer nur von einem Teil der Gruppe kommen. Und wie kommen die zurückhaltenden Gäste dazu, unter der Inkonsequenz ihres »Führers« zu leiden?

Lernen funktioniert über das Prinzip der Konsequenz

Konsequenz ist aber auch aus einem anderen Grund wichtig. Sie ist das eigentliche Mittel der Natur, ihre Geschöpfe zu erziehen. Alles, was Sie auf dieser Welt tun, hat eine Folge. Jedes Lernen funktioniert über das Prinzip des Erfahrens von Konsequenz.

Möchten Sie den berühmten Sonnenaufgang über dem Berg sehen, sind aber gleichzeitig zu bequem, rechtzeitig aufzustehen? Dann wird der Sonnenaufgang bei Ihrer verspäteten Ankunft kommentarlos vorbei sein. Sie werden daraus schließen, dass dieses Versäumnis die direkte Folge Ihrer Bequemlichkeit war, es sich eine Lehre sein lassen und Ihr Verhalten hoffentlich beim nächsten Mal ändern. Andererseits greifen Sie aber nicht deshalb nicht auf eine heiße Herdplatte, weil es Ihnen auch in Wirklichkeit jemand verboten hat, sondern weil Sie einmal erfahren haben, welche Auswirkungen es hat, wenn Sie es doch tun. Konsequenz bedeutet Lerneffekt ohne Worte. Konfuzius hat einmal gesagt:

»Der Mensch hat drei Wege, klug zu handeln.
Der erste ist der durch Nachdenken: Das ist der edelste.
Der zweite ist der durch Nachahmung: Das ist der einfachste.
Und der dritte ist der durch Erfahrung: Das ist der bitterste.«

128

Auch wenn ihnen alle drei offenstünden, gehen die meisten Menschen den dritten Weg. Was manchmal aber einfach notwendig ist, weshalb man ihnen dann auch ganz gezielt die Möglichkeit dazu geben muss. Auch wenn es schwerfällt, ein Erziehender muss sich immer mal wieder so weit zurücknehmen, dass ein Lernender gewisse Erfahrungen machen kann.

So muss ich zum Beispiel in meiner Funktion als Kursleiter den Teilnehmern viele fotografische Techniken vermitteln. Im Laufe der Jahre hat mir die Erfahrung gezeigt, dass alle Anweisungen, die ich vor einer praktischen Übung gebe, im wahrsten Sinne des Wortes beim linken Ohr hinein- und beim rechten wieder hinausgehen. Es fehlt eine Art Hindernis, das es aufhalten könnte. Um dieses zu schaffen, habe ich mir angewöhnt, zuallererst den Teilnehmern die Aufgabe so zu stellen, als wäre sie nichts Besonderes, um sie dann eine Zeitlang damit herumprobieren zu lassen. Irgendwann stoßen diese dann von selbst auf das Problem, dessen Lösung ich ihnen eigentlich am Anfang erklären wollte. Ich darf Ihnen versichern, dass die Aufmerksamkeit bei meinem jetzigen Vortrag plötzlich eine ganz andere ist. Auf der anderen Seite ist es aber eine der wichtigsten Aufgaben der Erziehung, dem Erfahren von Konsequenzen einen geschützten Raum zu geben. Genau dafür ist Erziehung nämlich da.

Ein Erziehender muss also sowohl den Zeitpunkt als auch das Ausmaß der Erfahrung ganz bewusst bestimmen.

Weder wäre es nämlich zielführend, die Teilnehmer das Problem erst bei der Arbeit für einen Kunden erkennen zu lassen, noch muss ein Elektrikerlehrling zuerst einen Schlag bekommen, bevor ihm sein Meister erklärt, dass man vor elektrischen Arbeiten den Stromkreis unterbrechen muss.

Ein Kind, das dabei ist, die Folgen seines Handelns zu lernen und zu erkennen, muss in dieser Phase durch besonderes Verständnis geschützt werden. Sie können sich seine Situation vorstellen, als lernten Sie gerade eine fremde Sprache. Da Sie noch nicht sehr viel Sprachgefühl haben, vergreifen Sie sich manchmal, ohne es zu wollen und ohne es zu wissen, im Ton. Sie verwenden also Wörter, die bei einem Muttersprachler sehr grob und unhöflich ankommen. Wie möchten Sie nun, dass der andere reagiert? Soll er Sie behutsam auf Ihren Fehler hinweisen oder Sie entsprechend Ihrer Beleidigung anschreien?

Strafen sind inkonsequent

Viele Menschen denken im Zusammenhang mit dem Wort »Konsequenz« naheliegenderweise auch an Strafe. Schließlich ist auch diese etwas, die auf eine Handlung folgt. Nun habe ich persönlich ein grundlegendes Problem mit diesem Thema. Ich bin nämlich der Meinung, dass es letzten Endes wenig nützt, jemanden zu bestrafen. Wahrscheinlich fragen Sie mich jetzt, wie ich mir das vorstelle? Ich meine, gäbe es keine Strafen, würde ja jeder tun und lassen, was er möchte! Was meinen Sie?

Lassen Sie mich doch einmal umgekehrt fragen: Was exakt ändern Bestrafungen? Wenn Sie wirklich ehrlich sind, eigentlich doch erstaunlich wenig, oder? Ich meine, darf man Drogen nehmen? Nein. Tun es die Leute, obwohl sie wissen, dass Strafen darauf stehen? Ja. Darf man Menschen töten? Nein, natürlich nicht. Aber es gibt trotzdem Mörder. Würden Sie umgekehrt einen Menschen töten, wenn es straffrei wäre oder Sie ganz sicher sein könnten, dass Sie niemals jemand dafür belangen könnte? Ich bin ganz im Gegenteil der Meinung, dass unnötige Verbote unnötige Probleme erst anziehen.

Nichts ist bekanntlich so interessant wie etwas,
das man nicht darf.

Vor einiger Zeit habe ich in einem alten Schloss an einer Führung teilgenommen. Gleich in der Mitte des Eingangsbereichs stand frei zugänglich eine von diesen sehr, sehr wertvollen Vasen. Mir wäre sie gar nicht aufgefallen, hätte der Führer die Gruppe nicht auf diesen Umstand aufmerksam gemacht und uns ersucht, uns möglichst von dieser wertvollen Vase fernzuhalten und diese keinesfalls zu berühren. Ich kann Ihnen nicht sagen, warum, aber ich hatte das Gefühl, dass es gerade das Wissen um den Wert dieses Gegenstands war, das die Gruppe in seine Nähe trieb. Im Grunde dürfte aber dahinter das gleiche Prinzip stehen, dass Ihnen ein Trinkglas aus Bleikristall viel eher aus der Hand fällt als eines vom Discounter um die Ecke.

Verstehen Sie mich bitte richtig. Dass ich Strafen sinnlos finde, hat jetzt nichts damit zu tun, dass ich der Meinung bin, dass man Menschen, die anderen schaden, frei herumlaufen lassen soll. Sich selbst und andere zu schützen ist ein menschliches Recht und eine menschliche Pflicht. Es ist keine Wortklauberei, sondern ein grundlegendes Prinzip, wenn ich denke, dass das Fernhalten gewalttätiger Menschen von der Gesellschaft keine Strafe, sondern eine manchmal leider unumgängliche Konsequenz ist.

Sie meinen aber, dass es ohne Strafen nicht geht, weil Menschen manche Sachen einfach anders nicht lernen? Dann nehmen Sie doch bitte Ihr Notizheft, und schreiben Sie fünf Fähigkeiten hinein, die Sie keinesfalls erworben hätten, gäbe es keine Strafen. Sollten Ihnen keine fünf einfallen, reichen auch drei oder zur Not auch eine. Ich bin jetzt viele Jahre in der Erwachsenenbildung tätig, und ich wüsste keinen einzigen Fall, in dem die Androhung unangenehmer Konsequenzen die Leistung eines Teilnehmers verbessert hätte.

Auch wenn es vielleicht andersherum bequemer ist: Menschen suchen und brauchen Anerkennung. Und diese ist nicht nur der beste, sondern der einzige Lehrer. Vielleicht fragen Sie jetzt, wo nun der Unterschied zwischen Strafe und Konsequenz liegt. Ich will es Ihnen sagen:

Konsequenz soll allen Menschen, gleich welchen Alters, etwas Gutes tun. Sie soll ihnen Sicherheit, seelische Geborgenheit und Schutz geben. Strafe hingegen dient der Befriedigung Ihrer eigenen Bedürfnisse.

Eine Freundin, die ganz unglaublich viel vom Wesen der Kinder versteht, hat es mir einmal so erklärt: »Mit den Kindergartenkindern gehen wir im Sommer oft auf den Spielplatz. Dort gibt es eine sehr beliebte Rutsche. Grundsätzlich wissen alle Kinder, dass sie diese nicht von unten hinaufklettern dürfen, weil das gefährlich ist. Kommt nämlich gleichzeitig ein Kind von oben herunter, kann das zu schlimmen Verletzungen führen. Nun ist es bei Kindern wie bei Erwachsenen: Etwas zu wissen bedeutet nicht gleichzeitig, es auch zu tun. Wer also unerlaubterweise trotzdem versucht, die Rutsche von unten zu besteigen, wird beim ersten Mal nochmals aufgeklärt. Beim zweiten Mal muss er mit der Konsequenz leben: Für diesen Vormittag ist das Thema Rutsche erledigt. Das ist Konsequenz. Strafe wäre, dass das Kind aufgrund dieses Vorfalls am Abend nicht fernsehen dürfte. Das wäre schon deshalb sinnlos, weil es mit großer Wahrscheinlichkeit den Zusammenhang nicht verstünde.«

Ganz Ähnliches funktioniert übrigens auch bei den Erwachsenen: Sagt ein Mädchen beim Discobesuch zu ihrem Verehrer: »Wenn du etwas trinkst, fahre ich nicht mit dir im Auto nach Hause!«, wird diesen das sicher mehr vom Alkoholgenuss abhalten als die Androhung jedweder Geldstrafe. Natürlich ist auch Konsequenz eine Sache, die man langsam in sein Bewusstsein heben muss.

Wer aber Kinder fürs Leben erziehen will,
hält es am besten mit der Natur: Auch dort gibt es weder
Belohnungen noch Strafen. Es gibt nur Konsequenzen.

DIE KONSEQUENZ
DER VERLÄSSLICHKEIT

Welchen Stellenwert hat für Sie Konsequenz? Die folgenden Fragen sollen Ihnen das verdeutlichen.

Wo liegt der Unterschied zwischen Inkonsequenz und »die Meinung ändern«?

....

Entscheiden Sie aus Überzeugungen oder aus Launen?

....

Wann haben Sie Ihr Kind das letzte Mal gelobt?

....

Sollen Lehrer strafen dürfen?

....

Kann man Sie eher morgens oder abends umstimmen?

....

Können Sie sich zurücknehmen, wenn sich Ihr Kind im Beisein anderer Eltern ungeschickt anstellt?

....

Darf man fremde Kinder bestrafen?

....

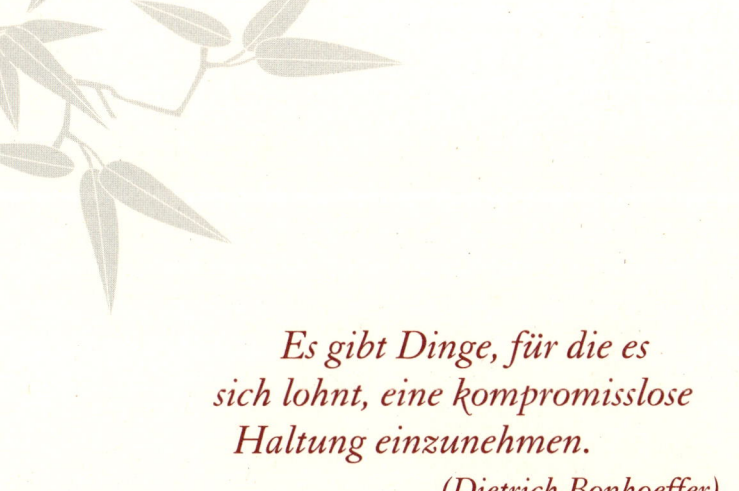

*Es gibt Dinge, für die es
sich lohnt, eine kompromisslose
Haltung einzunehmen.*

(Dietrich Bonhoeffer)

7. Die Kunst, Grenzen zu ziehen

*Wo immer wir an eine Grenze geraten und festen
Fuß zu fassen vermeinen, gerät sie in Bewegung
und entgleitet uns. (Blaise Pascal)*

Lerne, dass das Erfahren von Grenzen keine Strafe, sondern ein lebenswichtiges Recht ist.

Haben Sie Lust auf eine kleine Tour? Dann kommen Sie einmal kurz mit. Stellen Sie sich bitte vor, Ihr Flugzeug landet gerade in einer für Sie fremden Stadt auf einem fernen Kontinent. Sie waren noch nie hier. Auch ist die Gegend so fern, dass Sie in keinem Reiseführer etwas über sie nachlesen konnten. Sie wissen also gar nichts. Nichts über die Gebräuche, nichts über die Sitten der Menschen. Selbst das Aussehen der Einwohner, ihre Sprache, ihr Benehmen, ja sogar ihre Kleidung ist Ihnen fremd. Sind Sie da? Was Sie bereits von der ersten Sekunde an feststellen, ist die unglaubliche Toleranz und Freundlichkeit der Einheimischen. Völlig gleichgültig, was Sie tun und was Sie lassen: Jeder hier findet das einfach toll. Auch nach drei Tagen werden Sie kein einziges Mal aufgefordert, etwas zu machen oder etwas zu unterlassen. Sogar als Sie Dinge tun, die zu Hause auf massivsten Widerstand stoßen, sind die Menschen einfach nur begeistert. Sie lassen Sie nicht aus den Augen und finden alles gut, was Sie nur tun – nichts ist zu indiskret oder mit einem Tabu behaftet. Um die Frage vorwegzunehmen: Nein, es sind keine Wilden. Untereinander, das bemerken Sie, haben die Menschen offensichtlich durchaus strenge Regeln. Auch wenn Sie diese nicht verstehen, bemerken Sie ihre Existenz. Alleine für Sie scheint das nicht zu gelten. Es sieht so aus, als könnten Sie tun und lassen, was Sie wollen. Wie gefällt es Ihnen hier?

Versetzen Sie sich ganz in diese Stadt, und nehmen Sie dann Ihr Notizheft. Schreiben Sie jetzt fünf Gefühle hinein, die Sie mit dieser Situation verbinden. Sind das ausschließlich gute Gefühle? Würden Sie in so einer Stadt bleiben wollen? Fühlen Sie sich dort sicher? Oder wäre es Ihnen vielleicht lieber, Sie würden im Wortsinn mit der einen oder anderen Handlung anecken, um zu verstehen, wie weit Sie gehen können? Dass Sie mit anderen Worten die Grenze der Toleranz dieser Menschen erreichen?

Warum Grenzen lebensnotwendig sind

Auch Grenzen an sich sind nichts Gutes und nichts Böses. Wie bei so vielem anderen auch hängt ihr Wert von der Frage ab, was wir daraus machen. So kann zum Beispiel eine Mauer uns schützen oder aber einsperren. Generell würde eine Welt ohne Grenzen nicht lange bestehen. Im besten Fall gäbe es ein heilloses Chaos, im schlimmsten Fall könnten die Menschen überhaupt nicht mehr miteinander kommunizieren.

Was Grenzen mit Kommunikation zu tun haben? Dass eine Grenze etwas ist, was wir ganz bewusst überschreiten müssen. Nehmen wir als Beispiel die Abgrenzungen zwischen einzelnen Ländern. Solange Sie sich innerhalb der Grenze Ihres Landes aufhalten, können Sie davon ausgehen, dass sich dort alle Menschen auf jene gemeinsame Sprache und Kultur geeinigt haben, die auch die Ihre ist. Entschließen Sie sich nun, in ein anderes Land zu fahren, überschreiten Sie bewusst eine Grenze und stellen sich darauf ein, ab jetzt mit einer anderen Sprache und Kultur konfrontiert zu werden.

Da auch das neue Land begrenzt ist, können Sie sich vorher darauf vorbereiten. Nehmen wir jetzt aber an, von einer Sekunde auf die andere gäbe es diese Ordnung nicht mehr. Von nun an lebten alle Menschen nicht mehr in ihren Heimatländern, sondern bunt durcheinandergewürfelt jeder irgendwo. Wenn nun Ihr linker Wohnungsnachbar einen westchinesischen, Ihr rechter Nachbar einen ostafrikanischen, die Kassiererin im Supermarkt aber ausschließlich einen nördlichen Inuitdialekt spräche, wie wäre dann noch Kommunikation möglich? Wäre »Ihr« Land nicht mehr »Ihr« Land, weil es gar keine Länder mehr gibt, auf welche Kultur stellten Sie sich ein? Erwarteten Sie den Gegenverkehr auf der linken oder auf der rechten Straßenseite? Verstehen Sie mich bitte richtig: Das hat rein gar nichts mit Politik zu tun und auch nichts mit Einreisebestimmungen und dergleichen. Das ist die böse Seite der Grenzen. Um die geht es in diesem Beispiel nicht.

Sicher ist, dass ein Leben, aber auch eine Erziehung
ohne erkennbare Begrenzungen wohl das Schlimmste ist,
was man einem Menschen antun kann.

»Erkennbar« schreibe ich hier deswegen, weil die Tatsache, dass wir Dinge nicht wahrnehmen können, nicht zwangsläufig bedeutet, dass diese nicht existieren.

Es ist Ihnen sicher schon öfter passiert, dass Sie in der Dunkelheit der Nacht durch eine fremde Wohnung oder ein Haus gehen mussten. Es war dunkel, und rein Ihrer Wahrnehmung nach waren keine Grenzen vorhanden. Schließlich haben Sie weder Wände noch Möbel noch sonst irgendetwas in Ihrem Weg gesehen. Was macht aber in so einem Fall den größten Stress? Die Angst, irgendwo dagegenzulaufen, sich irgendwo den Kopf anzuschlagen. Also die Angst, an eine Grenze zu stoßen, die Sie nicht wahrnehmen können. Da Sie diesen Stress in hellen Räumen aber nicht haben, kommt die negative Emotion offensichtlich nicht aus dem Vorhandensein der Begrenzung, sondern aus Ihrer Unfähigkeit, sie zu erkennen.

So ist es auch in der vorher beschriebenen fremden Stadt. Grundsätzlich hätten Sie nun zwei Möglichkeiten, auf die dortige Situation zu reagieren. Was Sie konkret tun, hängt natürlich sehr stark von der Frage ab, welcher Typ Mensch Sie sind. Sind Sie ein Draufgänger, werden Sie die Situation vielleicht ausnutzen und so weit gehen, wie es Ihnen für Sie selbst angenehm erscheint. Könnte man Ihnen deshalb aber einen Vorwurf machen? Kaum. Sind Sie aber ein eher zurückhaltender Typ, wird Ihnen die Situation wohl relativ bald Sorgen bereiten. Denn selbst wenn die Menschen dort Ihr Verhalten im Moment auch immer gut und richtig finden, woher wollen Sie wissen, wie lange das so sein wird? Wäre es Ihnen da nicht lieber, man sagte Ihnen, dieses sei in Ordnung und jenes sollten Sie besser unterlassen? Anders gesagt, wäre es nicht besser, man setzte Ihnen Grenzen?

Genau wie Ihnen geht es einem Kind. Es kommt in eine Gegend, von der es gar nichts weiß. Hier leben vielleicht Personen, die jedwede Grenzen zugunsten einer vermeintlich freien Entwicklung ablehnen, mit Sicherheit aber auch solche, die auf die kleinste Überschreitung ihrer persönlichen Grenzen sehr aggressiv reagieren. Was aber, wenn ein Kind, das bei Freiheitsfanatikern groß wird, später aber auf Vertreter der zweiten Gruppe trifft? Niemand hätte es auf deren Existenz vorbereitet.

Nachdem der Natur dieses Problem offensichtlich schon länger bekannt ist, wurde irgendwann entschieden, dass jeder Neuankömmling einen Lebensbegleiter zur Seite bekommt. Dieser lebt schon lange in der Stadt und kennt diese und ihre Einwohner. Grundsätzlich besteht die Aufgabe des Begleiters einmal darin, das Verhalten des neuen Gastes zu beobachten. Sobald er aber erkennt, dass dieser dabei ist, einen Fehler zu machen, der ihm gefährlich werden könnte, muss er umgehend eingreifen.

Grundsätzlich kann man Grenzen natürlich nur dadurch erfahren, dass man sie übertritt.

Wenn also zwischen ihrem Grundstück und dem des Nachbarn nur eine unsichtbare Trennlinie läuft, dort aber kein Zaun aufgestellt wurde, werden Besucher schnell ein Problem bekommen. Erst wenn der Nachbar sie laut schreiend auffordert, seinen Garten zu verlassen, werden sie überhaupt wissen, dass sie ihn betreten haben. Wie Kinder auch können diese Menschen die Erfahrung dieser konkreten Grenze selbst machen. Ganz anders sieht es aber überall dort aus, wo einem Menschen, gleich welchen Alters, durch das ungewollte Überschreiten von Grenzen ein Schaden entstehen kann. Hier ist es die Pflicht der Umstehenden, ihm ebendiese fehlende Grenze zu setzen. Nehmen wir an, Sie beobachten, wie ein Nichtschwimmer einen Fluss durchqueren möchte. Sie wissen, dass dieser fast bis hin zur Mitte so flach ist, dass man höchstens bis zum Bauch im Wasser steht, dann aber fast unsichtbar ganz plötzlich zu sehr großer Tiefe abfällt. Sollte der Nichtschwimmer nun in Schwierigkeiten geraten, wird kaum jemand Ihre Erklärung verstehen, Sie hätten ihn nicht von seinem Vorhaben abgehalten, um ihn nicht in seiner persönlichen Freiheit einzuschränken. Am allerwenigsten wohl der Betroffene selbst.

*Die Tatsache, dass man im Leben Grenzen gesetzt bekommt,
ist keine Strafe. Sie ist ein lebenswichtiges Recht.*

Die wirkliche Strafe ist vielmehr das Gegenteil. Schließlich sind es gerade Begrenzungen, die uns Sicherheit und Geborgenheit geben. Oder fühlen Sie sich nicht in Ihrem Wohnzimmer geschützter als auf einem riesigen Platz?

Grenzen geben Kindern Halt und Sicherheit

Gleichzeitig gibt Abgrenzung auch eine Struktur, ohne die man nicht existieren kann. Weiß ich als Kind zum Beispiel, dass ich bis neun Uhr lesen darf, so ist das eine Grenze, auf die ich mich einstellen kann. Solange dieser Zeitpunkt von Erzieher- wie von Kinderseite als vereinbart gilt und nicht willkürlich verkürzt werden kann, gibt mir das Sicherheit und Ruhe. Bei jedem Schrittgeräusch aufzuschrecken, ob nicht jemand kommt, um mir zu sagen, dass ich jetzt das

Licht ausschalten soll, wäre hingegen ein ziemlicher Stress, der mir sehr bald die Freude am Lesen nähme. In den letzten Kapiteln habe ich versucht, Ihnen zu zeigen, dass es zwischen Kindern und Erwachsenen am Ende keinen wirklichen Unterschied gibt. Umso mehr frage ich mich aber, warum manche Menschen Kindern in durchaus guter Absicht Dinge antun, die sie selbst nicht wollten. Sie dürfen mir jetzt gerne widersprechen. Aber ich behaupte, dass die meisten Erwachsenen nur schwer in der Lage wären, ohne Anleitung und ohne Aufsicht zu reisen. Das ist jetzt keine Wertung, sondern hat schlicht damit zu tun, dass man einfach nicht alles wissen kann.

Besuchen Sie also eine Stadt, in der Sie noch nicht waren, werden Sie entweder von Ihrem Reiseleiter (oder, wenn Sie nicht in einer Gruppe reisen möchten, von Ihrem Reiseführer) selbstverständlich erwarten, dass dieser Ihnen sagt, in welche Gegenden Sie nicht gehen dürfen. Sie wollen ja den Aufenthalt genießen und nicht unabsichtlich in ein Problemviertel kommen. Das geht sogar so weit, dass Sie für den Moment bereit sind, auf genauere Erläuterungen zu verzichten. Solange Sie nur keine Schwierigkeiten bekommen. Selbst wenn Sie es nicht so empfinden, weil Sie ihn ja selbst darum bitten: Mit seiner Antwort setzt Ihnen der Reiseleiter Grenzen. Wohlgemerkt nicht aus Willkür oder aus eigenem Interesse, sondern zu Ihrer Sicherheit. Wie würden Sie denn reagieren, wenn er mit dem Hinweis, dass Sie als Kunde König seien, meinte, es stehe Ihnen natürlich frei, zu gehen, wohin Sie wollen, und er sich da keinesfalls einmischen wolle?

Auch wenn Sie einen Kletterkurs für Anfänger machen und gleich mit der schwierigsten Wand beginnen wollen, muss

Ihnen Ihr Trainer Grenzen setzen. Und Sie dürfen mir glauben, täte er es nicht, es wäre sicherlich Ihr letzter Besuch in diesem Kurs.

Noch etwas möchte ich an dieser Stelle ganz klar sagen: Es gibt Situationen, da ist das Setzen von Grenzen einfach unbedingt erforderlich. Auch wenn es unbequeme Folgen zu haben scheint. Wenn in einer Gegend ein Bandenkrieg im Gange ist, muss ein guter Führer Sie davon abhalten, dorthin zu gehen. Gleich, mit welchen Konsequenzen Sie drohen und wie sehr Sie auch über die Qualität seiner Arbeit schimpfen. Ein Reiseleiter ist nicht vorrangig dazu da, von den Gästen gelobt zu werden. Seine Aufgabe ist es, dafür zu sorgen, dass diese sicher und gesund wieder zurück nach Hause kommen.

Wer in der Situation ist, andere Menschen zu führen, muss zuallererst professionell sein. Er muss sein Bestes geben und tun, was zu tun ist. Auch wenn das seinem Gegenüber vielleicht im Moment gerade nicht passt. Diese Professionalität ist auch die wichtigste Aufgabe eines Erziehenden.

Viele Eltern scheuen sich selbst dort Grenzen zu setzen, wo es unbedingt notwendig ist. Das kann aus Bequemlichkeit sein oder aus der Angst vor der sicherlich negativen Reaktion des Kindes auf gewisse Beschränkungen. Egal, was der Grund ist, es kommt aber am Ende auf das Gleiche heraus. Natürlich ist es einfacher, jemandem etwas zu erlauben, als sich mit den Konsequenzen eines Verbots auseinanderzusetzen.

Aber würden Sie als Reiseleiter eine Gruppe nachts in ein Viertel begleiten, in dem um diese Zeit niemand etwas verloren hat, nur weil Sie auf eine gute Bewertung hoffen?

Sich abzugrenzen: eine wichtige Grenzerfahrung

Ich habe vorher geschrieben, dass das Wesen der Grenzen in der menschlichen Wahrnehmung liegt. Begrenzungen, die ich nicht wahrnehme, existieren für mich nicht. Steht auf einem Schild in einer fremden Sprache, dass das Betreten einer Wiese verboten ist, wird mich das nicht daran hindern, es dennoch zu tun. Eine abweisende Hand mit Totenkopf hingegen schon. Auch wenn eine Abgrenzung nicht deutlich genug ist, verführt das dazu, sie zu umgehen. Niemand käme auf die Idee, ohne wirklich dringenden Grund eine fünf Meter hohe Mauer zu überklettern. Ein dreißig Zentimeter hoher Sims wird zwar wohl auch als Grenze wahrgenommen, lädt aber in gewisser Form dazu ein, zu überprüfen, ob man hier nicht weitergehen kann. Dieses Prinzip gilt für physische Grenzen in gleichem Maße wie für zwischenmenschliche. Denn auch Grenzen im Miteinander entstehen durch die Wahrnehmung der Konsequenz meines Handelns. Bin ich beleidigend, ohne dass irgendjemand ernsthaft darauf reagiert, werde ich auch kaum das Gefühl haben, zu weit gegangen zu sein.

Nun ist die Kunst, Grenzen zu ziehen, in erster Linie einmal die Fähigkeit, sich selbst abzugrenzen. Wer sich in alles hineinziehen lässt, verliert nämlich irgendwann die Kontrolle über die Situation und macht in der plötzlich über ihn hereinbrechenden Emotion Fehler.

Wer jemals die Leitung einer Gruppe von Menschen hatte, weiß, wovon ich spreche. Wer vorne steht, muss alles rechtfertigen, egal, ob er etwas dafürkann oder nicht. Für Reiseleiter beginnt das bei der Frage, warum der Restaurantservice beim Tisch links hinten beginnt und nicht rechts vorne, und endet mit der Aufforderung, zu erklären, warum das Wetter ausgerechnet jetzt, wo die Gruppe ihren kostbaren Urlaub hier verbringt, so regnerisch ist. Oder umgekehrt, warum der Veranstalter gerade diesen Termin ausgesucht hat. Wenn Sie sich in diese Situation versetzen, können Sie sich vorstellen, wie diese zwangsläufig endet: Irgendwann wird dem Reiseleiter, der nicht in der Lage ist, sich abzugrenzen, die Sache zu viel. Und er rastet aus. Das kostet völlig unnötigerweise seine eigene Energie und Lebensfreude und natürlich auch die seiner Gäste, die im Grunde nicht wirklich verstehen, was zu diesem Verhalten geführt hat. Sie haben ja nur gefragt. Im Wahrnehmen der persönlichen Grenzen anderer Menschen sind die meisten einfach schlecht.

Ganz ähnlich verhält es sich aber auch oft bei Erziehenden. Auch diese wollen oft eigentlich »nein« sagen, weil sie etwas zum Beispiel einfach gerade nicht tun wollen. Sie schaffen das aber nicht. Und so nimmt das Unglück seinen Lauf. Statt nämlich zu dem Kind zu sagen: »Sei mir bitte nicht böse, aber ich möchte heute lieber in der Wohnung etwas machen, als mit dir ins Schwimmbad zu gehen«, vertrösten Sie es: »Du, jetzt geht es gerade nicht, aber schauen wir ein bisschen später.« Das Kind wartet also wie angeordnet und kommt nach einiger Zeit mit seinem Anliegen zurück. Spätestens nach der dritten oder vierten Nachfrage an diesem Abend verlieren die Eltern dann die Kontrolle, und es kommt zu einem völlig vermeidbaren Krach.

Ich kenne Menschen, die sogar einen Streit vom Zaun brechen, nur weil sie etwas nicht wollen, aber nicht in der Lage sind, das einfach auch zu sagen. Natürlich muss jede Abgrenzung immer auf Gegenseitigkeit, also auf Achtung vor der Abgrenzung basieren. So muss ein »Ich will jetzt nicht!« innerhalb der akzeptierten Grenzen auch dann in Ordnung sein, wenn es einmal vom Kind kommt. Andernfalls wäre es ja wieder nichts anderes als Machtausübung. Außerdem kann das gefährliche Folgen haben: Ein Kind, das lernt, dass sein »Nein« ohnehin keinen Wert hat, wird auf dieses irgendwann verzichten. Auch wenn der »gute Onkel«, der es nach der Schule auffordert, mit ihm mitzukommen, eigentlich sehr Böses im Sinn hat.

> *Die Kunst des Grenzenziehens ist auch die Bereitschaft,*
> *zu erkennen, dass jeder Mensch gleich welchen Alters*
> *das Recht auf ein eigenes Leben hat.*

Ich habe das Gefühl, dass viele Probleme, die Erziehende und Kinder miteinander haben, genau hier ihren Ursprung haben. Beide müssen lernen, sich ohne Emotionen voneinander abzugrenzen, den jeweils anderen als eigenständiges Wesen wahrzunehmen und seine Grenzen zu respektieren.

Es gibt keine grenzenlose Freiheit

Auch wenn es danach klingt, das heißt nicht, jedem einfach seinen Willen zu lassen. So ist das Leben nicht. Jeder Mensch kann seine Entscheidungen immer nur innerhalb bestimmter Grenzen treffen, die einem von den Lebensumständen zugewiesen werden. So kann auch der Zug oder das Flugzeug nicht auf mich warten, wenn ich zu spät komme. Das ist einfach so. So gibt es auch immer wieder Dinge, die man zwar nicht gerne tut, die aber trotzdem getan werden müssen. Bekanntestes Beispiel dabei ist da wohl das Haare-waschen. Ginge es nach den Kindern, würde es wohl auch einmal im Jahr vollkommen ausreichen. Das tut es aber nicht. Das ist genauso außerhalb des Entscheidungsspiel-raums des Kindes wie umgekehrt die Frage, ob die Eltern Lust darauf haben, etwas zu essen zu kochen. Professionell mit der unangebrachten Unlust eines anderen Menschen umgehen zu können, ohne dabei selbst Schaden zu nehmen, ist aber nichts anderes als die Fähigkeit zur Abgrenzung. Im Leben jedes Menschen gibt es ein Programm, das einfach absolviert werden muss.

Wie ein Reiseleiter nicht mit den Gästen darüber debattieren darf, ob man nicht die Besichtigung einer Stadt auslassen und dafür eine andere anschauen könne, so gibt es auch im Verhältnis zwischen Erziehenden und Kindern über man-ches einfach nichts zu diskutieren. Und da gehört das Haare-waschen nun mal genauso dazu, wie das Essen zu kochen.

Was wir als Erziehende einem Kind für sein Leben mitgeben müssen, sind vier Fähigkeiten: Erstens zu akzeptieren, dass es Grenzen gibt. Zweitens zu verstehen, warum das gut ist. Drittens wahrzunehmen, wo diese verlaufen, und letztens für sich selbst ganz bewusst die eigenen Grenzen zu ziehen.

Denn wer glaubt, dass nur grenzenlose Freiheit wirkliche Freiheit ist, der irrt. Tun Sie das, bringen Sie sich selbst um die Möglichkeit, Ihrem Kind das Wichtigste zu geben, das es für seine Entwicklung braucht: das Gefühl von Sicherheit und einen festen Fuß, mit dem es ins Leben steigen kann.

KINDER BRAUCHEN GRENZEN

In Liebe gezogene Grenzen können einem anderen Menschen Freiheit geben. Die Fragen im Anschluss sollen Ihnen das verdeutlichen.

Wo liegt der Unterschied zwischen Grenzen setzen und jemanden einengen?

....

Darf man jedem Menschen Grenzen setzen? Wer setzt Ihnen Grenzen?

....

Muss man ein »Nein« begründen?

....

Welche unsichtbaren Grenzen muss ein Kind erst kennenlernen?

....

Wie soll man einem Kind zu verstehen geben, dass es eine Grenze überschritten hat?

....

Ist das Gespür für Grenzen etwas, was in einem Menschen vorhanden ist, oder etwas, was man ihm anerziehen muss?

....

Das unfehlbarste Mittel,
Autorität über die Menschen
zu gewinnen, ist, sich ihnen
nützlich zu machen.
(Marie von Ebner-Eschenbach)

8. Die Kunst der Autorität

*Bei der Erziehung muss man etwas aus dem
Menschen herausbringen und nicht in ihn hinein.
(Friedrich Fröbel)*

Lerne, dass Autorität die menschliche Fähigkeit ist, andere mittels Begeisterung zu führen.

Autorität. Kein anderes Schlagwort hat die Diskussion über Erziehung in den letzten Jahren so stark geprägt. Schien Autorität jahrhundertelang das Allheilmittel schlechthin zu sein, geriet sie gleichsam von einem Tag auf den anderen in Verruf.

Was war passiert? Menschen aller Art hatten sie zu ihren Zwecken missbraucht, und niemand wollte mehr etwas mit ihr zu tun haben. Fast unbemerkt war aus Autorität »autoritär« geworden. Was aber, wie Sie gleich sehen werden, etwas völlig anderes ist. Eine ganze Erziehergeneration widmete sich also dem Kampf gegen diesen Begriff und die vermeintlich dahinterstehende Geisteshaltung.

»Sein Kind antiautoritär zu erziehen« war angesagt. Alles, was auch nur im Entferntesten nach Autorität klang, war verpönt. Nichts ging mehr mit, alles nur noch ohne. Ob das besser war? Urteilen Sie selbst. Die Folgen beider Erziehungsstile sind schließlich bekannt. Was somit zu tun ist? Lassen Sie uns einmal schauen.

Beginnen wir ganz von vorne. Was verstehen Sie eigentlich unter »Autorität«? Nehmen Sie bitte Ihr Notizheft, und schreiben Sie unter dieses Wort fünf Begriffe, die Sie damit verbinden. Darunter machen Sie das Gleiche mit dem Begriff »autoritär«. Ich bin mir nämlich nicht sicher, ob sich da unsere Vorstellungen decken.

Wir müssen uns also zuerst einmal einigen, worüber wir sprechen. Keine Sorge, ich fordere Sie jetzt nicht auf, die beiden Begriffe in einem Lexikon nachzuschlagen. Vielleicht haben Sie ja keines bei der Hand. Außerdem habe ich es ohnehin schon getan.

Warum Autorität nichts mit autoritär zu tun hat

Das Wort »Autorität« kommt nicht aus dem Griechischen und hat auch nichts mit Obrigkeit zu tun. Seinen wirklichen Ursprung hat es im alten Rom. »Auctoritas« war dort ein wichtiger Wertebegriff, der nicht nur in der Politik der römischen Republik eine bedeutende Rolle spielte. Es handelt sich hierbei ganz allgemein um eine Beschreibung für die Fähigkeit, Menschen ohne eine gesetzlich verliehene Macht zu führen. Manche Wörterbücher umschreiben Autorität daher auch mit Würde, Ansehen und Einfluss. Anders gesagt können wir uns Autorität auch als so etwas wie Charisma vorstellen. Ein Mensch, der Autorität besitzt, ist demnach jemand, dem wir folgen, ohne dazu von irgendjemandem gezwungen zu werden.

Gefällt Ihnen der Begriff jetzt besser? Und verstehen Sie jetzt, warum es nichts anderes sein kann als eine Kunst?

Ganz anders hingegen das Wort »autoritär«. Auch dieses leitet sich zwar wie auch der Autor vom Mutterwort »Autorität« ab, geht aber dann seinen eigenen Weg. Der heute verwendete Begriff kommt vom französischen »autoritaire«, was man am besten mit »befehlerisch« oder »herrisch« übersetzen kann.

Der Schüler sucht den Meister aus

Wie sieht nun die Kunst der Autorität aus? Ihre allerhöchste Form habe ich im chinesischen Kloster Shaolin erlebt. Die dort lebenden Mönche haben nicht nur den sogenannten Zen-Buddhismus entwickelt, sondern auch die berühmte Nahkampftechnik des Shaolin-Kung-Fu. Seit über 1500 Jahren vermitteln die Meister ihren Schülern eine Kampftechnik, die auch den Tod eines Kontrahenten als möglichen Ausgang hat. Eine Tatsache, die das Verhältnis zwischen den beiden zu etwas ganz Besonderem macht. Ihre Beziehung ist geprägt von gegenseitigem Respekt und einer im Wortsinn meisterlichen Autorität. Wer weiß, dass er es zur Not auch mit zehn, fünfzehn oder zwanzig Angreifern gleichzeitig aufnehmen kann, muss niemandem mehr etwas beweisen. Nicht einmal mehr sich selbst. Er hat eine Stufe erreicht, auf der man mit Charisma führt und nicht mehr mit Gewalt.

In Shaolin ist ein Meister nicht Lehrer,
weil er aufgrund irgendwelcher Bestimmungen von anderen
Mönchen zu diesem gemacht wird. Ein Lehrer ist hier,
wer einen Schüler findet, der ihn bittet,
ihm ein Leben lang folgen zu dürfen.

Der Meister kann seinem Schüler also nichts befehlen, er muss ihn überzeugen. Wer mit Autorität führt und nicht autoritär handelt, braucht schließlich die Anerkennung durch den anderen. Gleichzeitig wird der Schüler im Laufe des Unterrichts selbst ein immer besserer Kämpfer, weshalb jede Form von Gewalt als Erziehungsmittel von vornherein ausscheidet. Da nun die Autorität des Shaolin-Lehrers nicht durch irgendein Gesetz von oben verliehen wird, muss er sie sich auch ständig neu verdienen. Es steht nämlich jedem Schüler frei, den eigenen Meister zum Kampf herauszufordern. Dieser muss dem Schüler immer so weit überlegen sein, dass es ihm möglich ist, ihn abzuwehren, ohne ihn zu verletzen. Besiegt aber umgekehrt der Schüler den Meister, so kann ihm jener zumindest in dieser Disziplin kein Lehrer mehr sein.

Richtig verstanden und richtig angewendet ist Autorität nach meiner Meinung das mächtigste und zugleich wunderbarste Werkzeug, das es in der Erziehung gibt. Was sie verstärkt, ist die Tatsache, dass es sich hierbei um ein Prinzip der Natur handelt. Auch ein Leithengst führt nicht aufgrund einer ihm gesetzlich zuerkannten Position, sondern weil die anderen ihn aus verschiedensten Gründen als Anführer akzeptieren. Falls Sie sich gerade fragen, warum ich alles auf Gesetze der Natur zurückführe: Es geht mir nicht darum, zu beweisen, dass alles, was aus der Natur kommt, gut ist. Ihre Gesetze sind nur schlicht und einfach unveränderlich. Wenn wir das als Tatsache anerkennen, erübrigen sich nicht nur viele Diskussionen. Es wird auch vieles leichter.

Gehen wir noch einmal zurück zum Leittier. Dieses ist zwar sehr wahrscheinlich keine Obrigkeit im menschlichen

Sinne – ich glaube nicht, dass Tiere so etwas kennen –, aber es ist eine Autorität. Die anderen Tiere ordnen sich ihr zum eigenen Schutz unter. Auf der anderen Seite verkörpert ein Leittier aber auch die einzig mögliche Form von Autorität. Sie ist eine Fähigkeit, die ein Wesen hat oder nicht hat. Sie ist nicht unbedingt angeboren und kann daher erlernt werden.

Echte Autorität ist eine Frage der Haltung

Es ist aber auf der anderen Seite unmöglich, echte Autorität alleine durch eine Position zu erlangen. Die Begabung, andere Wesen zu führen, muss man tief in sich spüren. Sonst funktioniert das nicht. Denken Sie da zum Beispiel an einen Hund. Gleichgültig, wie weit Sie es in Ihrem Menschenleben gebracht haben, und gleich auch, wie viele Titel vor Ihrem Namen stehen: Wenn ein Hund Sie nicht als Autorität spürt, haben Sie wenig Chancen, dass er Ihnen folgt. Umgekehrt aber gibt es Menschen, die eine derart starke Wirkung auf Tiere haben, dass diese die oft unsinnigsten Sachen tun, nur weil ein Mensch das so will.

Die wichtigste und unabdingbare Voraussetzung für Autorität ist menschliche Stärke. Wer das versteht, weiß auch, dass und warum diese nicht erzwungen werden kann. Jeder Erziehende muss daher lernen, selbst eine Autorität zu werden und nicht seine Kinder zu zwingen, ihn als solche zu erkennen.

Auch innerhalb der menschlichen Gesellschaft ist Autorität etwas Selbstverständliches. Dabei bleibt sie jedoch wie schon gesagt immer freiwillig. Sosehr wir sie auch ablehnen, ohne Autorität könnten wir wohl gar nicht leben. Nicht, weil dann jeder täte, was er will. Das hat damit überhaupt nichts zu tun. Sobald Sie aber jemanden um seine Meinung fragen, akzeptieren Sie diese Person als Autorität auf ihrem Gebiet. Nehmen wir als Beispiel einen Historiker. Seine Autorität rührt einzig und alleine daher, dass Sie davon ausgehen, dass er Geschichte studiert hat. Trotzdem kommen Sie mit Sicherheit nicht auf die Idee, mit ihm über das Geburtsdatum von Kaiser Augustus zu diskutieren. Wenn er das sagt, so denken Sie, wird es so sein. Überprüfen können Sie es ja ohnehin nicht. Wären Sie umgekehrt nicht in der Lage, jemanden als Autorität zu akzeptieren, müssten Sie sogar diese Aussage anzweifeln und irgendwann durchdrehen. Andererseits zeigt es auch schön, dass Autorität nichts mit bedingungslosem Sichunterordnen zu tun hat. Denn welches Hemd zu welcher Hose passt, werden Sie wohl eher die Verkäuferin im Modehaus fragen als ebendiesen Geschichtsprofessor. Auch wenn Ihnen ein Arzt sagt, Sie sollten jene Tabletten dreimal am Tag in Wasser aufgelöst einnehmen, damit Sie wieder gesund werden, werden Sie ihn wohl gerne freiwillig als Autorität anerkennen. Folgen Sie deshalb aber auch ohne Überlegung seinen Anlage-Tipps?

Was Autorität so unabdingbar macht, ist die simple Tatsache, dass wir nicht alles wissen können. Daher brauchen wir Menschen, die uns führen.

Nehmen wir an, Sie gehen zu einem antiautoritären Fotografen, um Bewerbungsfotos erstellen zu lassen. Schon vor dem Aufnahmetermin fragen Sie, welche Kleidung Sie am besten tragen sollen. »Welche Sie möchten«, bekommen Sie zur Antwort, »einfach jene, in der Sie sich am wohlsten fühlen. Oder die, in der Sie sich am besten gefallen.« Natürlich erscheinen Sie ausgerechnet mit einem knallroten Hemd und einer kleinkarierten Krawatte. Mit diesem Muster hat der Aufnahmesensor der Kamera große Probleme, und Ihre Oberbekleidung färbt auf Ihr Gesicht ab, das dadurch einen wunderbar rosa Farbton bekommt. Doch auch die Sitzung selbst verläuft ähnlich. Der Fotograf möchte keine Autorität sein und mischt sich daher auch nicht in Ihr Posing ein. Völlig verunsichert versuchen Sie die eine und die andere Körperhaltung, doch keine scheint Ihnen die richtige. Hilfesuchend blicken Sie zu dem Mann hinter der Kamera. Sie beginnen sich unwohl zu fühlen. Doch gleich, was Sie tun, dieser lächelt Sie nur freundlich an und nickt Ihnen zu. Verstehen Sie, worauf ich hinausmöchte? Es gibt aber noch einen anderen Grund, warum Erziehende gleichsam dazu gezwungen sind, Autoritäten zu sein:

*Menschen wollen von Personen geführt werden,
die sie als Experten akzeptieren.*

Von diesem Umstand lebt die ganze Industrie der Reiseleiter, Bergführer, Stylisten und was es sonst noch alles auf diesem Gebiet gibt. Auch könnte es in einer konsequent antiautoritären Welt keine Angestellten geben, da ja niemand einen Chef akzeptieren würde. Weigern sich nun Erziehende trotz dieser unbestreitbaren Tatsache, ihren Kindern haltgebende Autorität zu sein, werden diese sich einen Ersatz suchen. Der dann aber meist nicht im Sinne der Erzieher ist.

Selbstbestimmt, klar und konsequent

Wie kann nun Autorität in der Erziehung konkret aussehen? Vor einiger Zeit hatte ich ein sehr interessantes Erleb-
nis. In einem Supermarkt beobachtete ich einen Vater mit
zwei kleinen Töchtern. An der Kasse, also genau dort, wo
speziell für die Kinder die Süßigkeitenfallen ausgelegt sind,
begann ein sehr bekanntes Ritual. Die größere der beiden
Töchter nahm den Vater am Arm und äußerte den Wunsch
nach ebendiesen Bonbons. Das kleinere Mädchen nickte
mit freudiger Zustimmung. Gespannt wartete ich darauf,
wie der Vater nun aus dieser Nummer herauskäme. Ich sah
schon weinende Kinder und einen schreienden Erwachsenen von mir. Es geschah aber nichts dergleichen. Auf
eine ruhige, liebevolle, aber gleichzeitig sehr bestimmte Art
erklärte der Vater seinen Töchtern, dass zu Hause bereits
genügend Süßigkeiten wären und ein weiterer Kauf nicht
in Frage käme. Die Kinder verstanden, dass es hier einfach
nichts zu diskutieren gab, und die Angelegenheit war im
gleichen Moment erledigt. Jedoch weiterhin glückliche
Kinder und ein gelassener Vater. Das verstehe ich unter
Autorität. Wohlgemerkt nicht die Tatsache, jemandem etwas nicht zu geben. Vielmehr die Fähigkeit, eine Notwendigkeit auf eine Art durchzusetzen, mit der alle gut leben
können.

Autorität hat aber noch eine Voraussetzung. Sie funktioniert nur,
wenn man versteht, dass es sich hierbei nicht um eine Technik,
sondern um eine Lebenshaltung handelt.

Lässt man die Dinge meistens schleifen und versucht sie
dort, wo sie aus dem Ruder laufen, ruckartig mit Gewalt

wieder in die Bahn zu bringen, dann ist das autoritär. Autorität setzt da schon viel früher an. Als ich vor vielen Jahren meine erste Tour als Reiseleiter gefahren bin, hat mir mein Chef Folgendes mit auf den Weg gegeben: »Nachdem du in der Früh die Gäste begrüßt hast, hältst du eine kurze Ansprache. Darin erklärst du ihnen, dass das Zusammenleben einer Gruppe nur dann funktionieren kann, wenn sich alle an gewisse Regeln halten. Dazu gehören Pünktlichkeit genauso wie Sauberkeit und Respekt gegenüber Fahrer, Reiseleiter und allen anderen. Wenn du das ordentlich hinüberbringst, hast du die Hälfte auf dem Weg zur Autorität geschafft. Nach einer kurzen Pause gibst du den Gästen dann eine Einführung in das Land, das ihr bereisen werdet. Dieser Vortrag muss der beste sein, den die Gäste bis jetzt gehört haben. Denn er wird darüber entscheiden, ob die Gruppe dich für kompetent hält und bereit ist, gegebenenfalls deinen Anweisungen zu folgen. Überstehst du diesen Teil gut, wirst du eine wunderbare Reise haben. Untergräbst du aber deine eigene Autorität, indem du hier Fehler machst, wirst du größte Schwierigkeiten haben, die Gruppe später unter Kontrolle zu bringen.«

Wer führt, soll auch Beispiel sein

Nun gibt es Menschen, die meinen, dass die Autorität eines Reiseleiters ja alleine durch seine Position gegeben sein müsse. Erstens kann das, wie schon gesagt, nicht sein, und zweitens stimmt das höchstens in eine Richtung. Das bedeutet, dass die Aufgabe des Reiseleiters von ihm zwar Autorität fordert, er diese aber nicht automatisch von der Gruppe bekommt. Natürlich hat eine Person, die im Bus ganz vorne sitzt und ins Mikrophon spricht, alleine dadurch einen gewissen Vertrauensvorschuss, aber das war es dann auch schon. Kommt nun die Gruppe in einer fremden Kultur in eine Situation, in der korrektes Benehmen wichtig ist, werden auch zuerst einmal alle auf den Reiseleiter schauen. Sieht ihnen dessen Verhalten plausibel aus, werden sie es nachmachen. Sobald man aber merkt, dass er überhaupt keine Idee hat, was eigentlich zu tun sei, ist es mit der Autorität vorbei. Sehr schnell wird sich jemand finden, der sich zumindest ein bisschen auskennt und den Reiseleiter einmal in dieser Situation in seiner Führungsposition ersetzt.

Anders gesagt muss eine Autoritätsperson in der Lage sein, den anderen genau das vorzumachen, was sie von ihnen erwartet.

Ich erinnere mich noch gut an die Zeit meines Wehrdienstes. Hier hatte ich einen Ausbilder, der dieses Prinzip verkörperte: Was immer er von uns verlangte, er machte es selbst besser. Also doppelt so viele Liegestütze, halbe Zeit auf der Hindernisbahn und so weiter. Natürlich verlangte er auch uns viel ab. Im Endeffekt strengten wir uns aber alle an. Schließlich wollte jeder so gut sein wie er. »Nichts«, hat der Philosoph John Locke einmal gesagt, »macht einen zarteren und tieferen Eindruck auf den Geist des Menschen als das Beispiel.« In dieser wie in jener Richtung. Echte Autorität, das kann man leider nicht oft genug sagen, muss man erwerben und kann sie nicht erzwingen.
Selbst der Erwerb setzt aber voraus, dass man Autorität als etwas versteht, das denen dient, die einem folgen, und nicht einem selbst. Führungsstärke, die sich nur dadurch defi-

niert, was Sie sind, aber nicht dadurch, wie Sie sind, ist nichts anderes als autoritär. Sie verschwindet daher auch im gleichen Augenblick, in dem Ihre Umwelt die Voraussetzungen nicht mehr akzeptiert, die einst zu ihr geführt haben. Ist jemand nur mächtig, weil er General ist, und es wird eine Generation groß, die sich für Titel nicht interessiert, dann ist es vorbei mit der Macht. Neben Charisma ist Autorität auch die Tatsache, dass ein Mensch und das, zu dem er es gebracht hat, nachahmenswert scheinen.

Fast jeder Mensch will schließlich sein wie irgendein anderer. Und wer von den meisten Menschen nachgeahmt wird, hat auch die meiste Macht. Das kann man schön daran sehen, dass die großen Modetrends sehr oft von wichtigen Künstlern und Schauspielern bestimmt werden, ganz selten hingegen von Angestellten irgendwelcher kleinen Unternehmen. So Sie jetzt meinen, das sei ja verständlich, weil nur Erstere in der Öffentlichkeit stehen, so fragen Sie sich doch einmal, warum das so ist …

Wer straft, stellt seine Autorität in Frage

Bei vielen Menschen hat das Wort »Autorität« einen eigenartigen Beigeschmack, weil sie etwas damit verbinden, was nichts, aber auch rein gar nichts damit zu tun hat: das Bestrafen. Ich sage das jetzt so ausdrücklich, weil gerade Strafen nicht eine Begleiterscheinung, sondern das exakte Gegenteil von Autorität sind. Sie sind vielleicht Mittel einer autoritären Menschenführung, aber wer menschliche Kompetenz hat, der braucht sie nicht. Strafe würde diese ganz im Gegenteil untergraben, weil ja Bestrafung am Ende nichts anderes zeigt, als dass jemand nicht in der Lage war, eine Handlung zu verhindern. Ich möchte aber noch mal betonen, dass es einen Unterschied zwischen Strafe und Reaktion auf ein störendes Verhalten gibt. Strafe soll die Macht des Strafenden betonen, wie man schön am Beispiel der Todesstrafe sehen kann. Sitzt aber in einem Kurs ein Teilnehmer, der unaufmerksam ist und nur den Unterricht stört, werde ich als Seminarleiter auf dieses Verhalten reagieren. Im schlimmsten Fall muss er dem Unterricht von draußen folgen. Das ist aber keine Strafe, sondern eine Konsequenz auf unfaires Verhalten mir und den anderen gegenüber. Ich glaube grundsätzlich, dass Menschen, die bestraft werden, irgendwann selbst bestrafen werden.

Für mich ist die Notwendigkeit der Strafe nichts anderes als ein Zeichen der Unfähigkeit einer Führungsperson.

Wie ich dazu komme, so etwas zu sagen? Weil ich selbst beruflich mit Bildung zu tun habe. Da meine Schüler aber keine Kinder sind, sondern Erwachsene, die für die Teilnahme bezahlen, fällt jede Form der Bestrafung als Erziehungsmaßnahme von vorneherein flach. Trotzdem aber wollen die Teilnehmer Leistung für ihr Geld. Und die sieht bei Lehrgängen und Seminaren nun einmal so aus, dass man nachher etwas kann und weiß. Selbst wenn Sie es anders glauben möchten: Auch Erwachsene, die einen ganzen Tag gearbeitet haben, müssen am Abend zum konzentrierten Arbeiten gezwungen werden. Wie das ohne Strafe funktioniert? Mit Trainern, die sich ihre Position nicht im Wortsinn erkämpfen müssen, sondern die sich ihre Autorität mittels Kompetenz, Führungsfähigkeit und der Bereitschaft zur Zuwendung ganz von selbst verdienen.

Wer Grenzen zieht, kann Wege öffnen

Am Ende, und das muss uns genauso bewusst sein, hat der Gebrauch von Autorität natürlich auch immer damit zu tun, anderen Menschen Grenzen zu setzen. Wie schon gesagt, man kann nicht immer alles erklären und diskutieren. Manche Grenzen muss man auch dann akzeptieren, wenn man sie im Moment nicht versteht. Jemandem etwas zu verbieten, nur weil man die Macht dazu hat, es zu tun, wirkt auf den ersten Blick für viele lieblos. Sich aber der Verantwortung zu entziehen, die das Vertrauen in eine Autorität zwangsläufig mit sich bringt, ist grausam. Wenn Sie Ihrem Kind jetzt aus falschverstandener Anti-Autorität etwas erlauben, das ihm später ein Schaden sein wird, wie erklären Sie ihm später, dass Sie Ihre Verantwortung nur deshalb nicht wahrgenommen haben, weil Sie es in seiner Freiheit nicht einschränken wollten?

Lassen Sie es mich auf den Punkt bringen:
Neben Zuwendung ist der Halt der Autorität das Wertvollste,
was Sie einem Kind geben können.

Sie dürfen dabei aber nie vergessen, dass die Tatsache, dass andere Sie als Führungsperson akzeptieren, immer mit Macht über diese einhergeht. Wenn Sie es aber verstehen, diese unfassbare Kraft zu nutzen, ohne sie zu missbrauchen, wird Sie diese wie nichts anderes in die Lage versetzen, das eigentliche Ziel einer gelungenen Erziehung zu erreichen: aus Menschen das herauszubringen, was schon lange in ihnen verborgen ist.

EIN KIND VERTRAUENSVOLL FÜHREN

Die Beschäftigung mit den unten stehenden Fragen soll Sie dabei unterstützen, sich Ihre Autorität nutzbar zu machen.

Was ist das Gegenteil von Autorität?

....

Kann ein autoritärer Mensch auch Autorität sein?

....

Braucht Autorität Überlegenheit?

....

Was war das Besondere an Ihrem Lieblingslehrer?

....

Was verlangen Sie nur von anderen, ohne Bereitschaft, es auch von sich selbst zu verlangen?

....

Wie bringt man ein Kind ohne Strafandrohung dazu, sein Zimmer aufzuräumen?

....

Warum glauben so viele Menschen an Strafen?

....

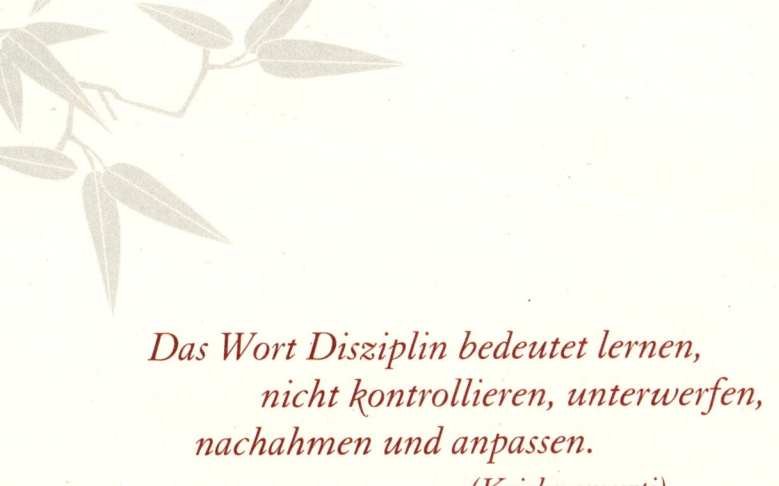

*Das Wort Disziplin bedeutet lernen,
nicht kontrollieren, unterwerfen,
nachahmen und anpassen.*

(Krishnamurti)

9. Die Kunst der Disziplin

Die Hälfte des Lebens ist Glück, die andere ist Disziplin – und die ist entscheidend, denn ohne Disziplin könnte man mit seinem Glück nichts anfangen. (Carl Zuckmayer)

Lerne, dass Disziplin Entwicklung fördern soll, aber nicht Unterwerfung.

Es gab in meiner Kindheit einen Satz, der mir noch lange Zeit im Weg stand. »Wenn Erwachsene reden«, so bekam ich zu dieser Zeit von vielen Seiten zu hören, »dann haben Kinder ruhig zu sein!« Ich denke heute, dass mein Umfeld mir damals so etwas wie Respekt vor Obrigkeiten beibringen wollte. Vor Menschen sozusagen, die ich, ohne nachzufragen, über mich stellen sollte. Was, so nebenbei gesagt, gründlich danebengegangen ist. Nicht der Respekt im Allgemeinen, aber das mit den Obrigkeiten.

Erst viel später habe ich verstanden, worum es wirklich geht: Schon ein Kind muss die Fähigkeit erwerben, andere Menschen zu achten. Das war zwar nicht die Botschaft, die man mir damals übermitteln wollte, aber jene, die ich als Erwachsener anzunehmen bereit bin. Heute weiß ich aber auch, dass sich diese, gelinde gesagt, unglückliche Formulierung nicht grundlos über so viele Generationen hinweg gehalten hat. Spiegelt sie doch genau jenes bewusste oder unbewusste Machtverhältnis wider, das Erwachsene

Kindern gegenüber empfinden. Ginge es um die von mir unterstellte Botschaft, müsste der Satz ja lauten: »Wenn jemand anderer spricht, dann ist man ruhig und hört ihm zu.« Gefällt mir gleich besser. Ihnen auch? Hier weiß ich auch, was ich daraus lernen soll: Achtung vor der Person eines anderen. Nicht weil dieser wichtiger, größer oder erwachsener ist als ich, sondern weil einfach jeder Mensch das Recht hat, dass die anderen ihm zuhören.

Respektvolles und achtsames Miteinander

Oft wird in diesem Zusammenhang das Wort »Respekt« ins Spiel gebracht. Genau diesen, so wird häufig beklagt, bringen heute die jungen Menschen nicht mehr jenen entgegen, die ihn erwarten. Nicht die ihn verdienen, wohlgemerkt, sondern diejenigen, die ihn erwarten.

Wer Respekt verdient, kann aber jeder nur für sich selbst entscheiden. Es ist eine Form der Achtung, die man sich verdienen, aber nicht einfordern kann.

Dabei, und genau das zeigt der am Anfang erwähnte Satz sehr schön, ist für viele Respekt eine Form der Rücksichtnahme, die nur in eine Richtung funktioniert: von unten nach oben. Oder was denken Sie, wie würden Menschen, die Kindern ins Wort fallen, reagieren, wenn ich zu ihnen sage: »Wenn Kinder reden, dann haben Erwachsene ruhig zu sein!«? Wohl ziemlich verwirrt.

Für mich ist das aber einer der größten Fehler, die man in der Erziehung machen kann: von jemand anderem etwas zu verlangen, das man selbst nicht zu geben bereit ist.

Seien Sie bitte hier wiederum ganz ehrlich: Wie sieht das bei Ihnen aus?

Nehmen Sie bitte Ihr Notizheft, und schreiben Sie in Stichworten jene Regeln hinein, die Ihrer Meinung nach nur für Kinder gelten. Dann schreiben Sie darunter alles, was für jeden Menschen gilt. Denken Sie jetzt bitte nicht darüber nach, was Sie schreiben sollten. Formulieren Sie das, was Ihnen spontan einfällt. Fertig? Dann vergleichen Sie einmal, ob und wie sich die »Kinderregeln« von den allgemeinen unterscheiden. Warum ist das so?

Ehrliche Achtung kann man grundsätzlich nur für jemanden empfinden, der auch selbst in der Lage ist, Achtung zu geben. Respekt und Disziplin können also nur nach dem Prinzip der Gegenseitigkeit funktionieren.

Wie auch bei der Autorität, geht es hier nicht um die Frage, was jemand ist oder welchen Posten er innehat. Die Frage lautet ausschließlich, welche Persönlichkeit bzw. welche Ausstrahlung diese Person besitzt. Selbst wenn ich es als Kind anders gelernt habe: Ich habe keinen Respekt vor jemandem, nur weil er Polizist, Richter oder Lehrer ist. Das sagt nichts über die Person als Mensch aus. Sehr wohl aber habe ich zum Beispiel Respekt vor Ihnen als Leser. Schließlich sind Sie bereit, sich mit diesem sehr schwierigen Thema auseinanderzusetzen.

Wenn wir schon beim Thema sind: Auch wenn es häufig passiert, man darf Respekt nicht mit Angst verwechseln. Denn Menschen, die wir landläufig als »respekteinflößend«

bezeichnen, sind meistens Angstmacher. Nun ist Angst etwas Schreckliches, Achtung hingegen etwas Wunderbares. Entscheiden Sie selbst: Würden Sie lieber einen Abend mit einem Menschen verbringen, den Sie bewundern, oder mit jemandem, vor dem Sie sich fürchten? Gerade die Fähigkeit zu Achtsamkeit, so denke ich, ist eine der wichtigsten Voraussetzungen für Lebensfreude.

Wir sollten daher unsere Kinder lehren, Menschen Achtung entgegenbringen zu können. Wem sie diese schenken, können wir ihnen aber nicht vorgeben. Das müssen sie lernen, selbst zu erfühlen.

Sich ohne äußeren Zwang zu benehmen wissen

Nun sind der Wunsch, sich respektvoll zu benehmen, und die Fähigkeit, es auch zu tun, leider zwei völlig verschiedene Dinge. Werden Sie zum Beispiel in das feinste Restaurant der Stadt zum Abendessen eingeladen, wollen Sie dort vielleicht das richtige Besteck zum richtigen Gang verwenden. Ob Ihnen das aber auch gelingt, wenn Sie noch nie in Ihrem Leben ein solches Restaurant betreten haben und bis dahin nur mit Essstäbchen gegessen haben, bleibt mehr als fraglich. Selbst ein gesellschaftlich kompatibles Essen will gelernt sein.

Der Weg zu allen Fertigkeiten schließlich führt über eine Technik, welche die alten Römer als »Schüler sein«, lateinisch »Disciplina« bezeichnet haben. Auch wenn diese heute mit so schrecklichen Dingen wie Zucht und Gehorsam in Verbindung gebracht wird, die Grundidee war eine andere: sich benehmen zu können, ohne von außen dazu gezwungen zu werden. Zu den sicherlich größten Geschenken, die wir einem Menschen für sein Leben machen können, zählt die Möglichkeit, höflich zu sein und andere respektvoll zu behandeln. Das ist aber nur dann ein Geschenk, wenn wir es mit der Option verbinden, dass der Betreffende selbst entscheiden kann, wann er es anwenden möchte. Wer von einem inneren Zwang zu immerwährender Höflichkeit getrieben ist, wird schnell zum wehrlosen Opfer. Wenn mir meine Erziehung verbietet, dort, wo es nötig ist, auf den Tisch zu hauen, dann tun es eben andere. Nur sicher nicht in meinem Sinn.

Disziplin bedeutet Schutz, nicht Drill

Zurück aber zur Kunst der Disziplin. Damit Sie mich richtig verstehen: Für mich hat Disziplin weder mit Strammstehen zu tun noch mit Gehorsam oder gar mit Strafen. Das sind genau jene Formen des Missbrauchs, die ihr bei so vielen Erziehenden einen schlechten Ruf eingetragen haben.

Die Forderung nach Disziplin ist am Ende nichts anderes als eine Notwendigkeit, da sie uns eine gewisse Sicherheit gibt. Denn so viele sie auch ablehnen, ohne sie würden wir auch verzweifeln.

Stellen Sie sich nur einmal einen Reiseveranstalter vor, bei dem jede Form von Disziplin abgeschafft ist. Hier ist der Kunde König und kann tun und lassen, was er möchte. Solange er sich nur wohl fühlt. Das beginnt bei der Bezahlung. Da steht es dem Kunden frei, zu welchem Zeitpunkt er die Reise bezahlt. Er kann das vorher tun, nach der Rückkehr oder auch gar nicht. Freilich ist eine Bezahlung erwünscht, durchgesetzt wird sie aber nicht. Auch beim Programm gibt es selbstverständlich keinen Druck. Jeder steht in der Früh auf, wenn er eben ausgeschlafen hat, und sobald dann alle da sind, geht es los. Das Besichtigungsprogramm ist ebenfalls nur ein Vorschlag, den der Reiseleiter jeden Tag vor der Abfahrt mit der Gruppe diskutiert. Würden Sie bei so einem Veranstalter buchen? Würden Sie sich dort gut aufgehoben fühlen? Warum nicht?

Zu einem großen Teil ist die Kunst der Disziplin die Kunst, sich dort, wo es notwendig ist, unterordnen zu können. Nicht unter Obrigkeiten wohlgemerkt, sondern unter Autoritäten.

Wer aber das nicht gelernt hat, dem bleiben im Leben viele Türen versperrt. Nehmen wir als Beispiel eine große Massenkarambolage auf der Autobahn mit Hunderten Fahrzeugen. Entsprechend dem Ausmaß des Unfalls treffen auch Rettung und Feuerwehr in großem Aufgebot ein. Wer hier nicht gelernt hat, dass man sich in einer solchen Situation ohne Widerrede den Anordnungen eines Kommandanten unterordnen muss, der ist hier fehl am Platz. Ich werde zwar nachher noch einmal auf das Thema zurückkommen, möchte aber schon hier eines betonen: »Ohne Widerrede« bedeutet nicht »ohne Nachdenken«. Wäre aber bei dem disziplinlosen Reiseveranstalter im schlimmsten Fall heilloses Chaos die Folge, würden undisziplinierte Retter ihr eigenes und auch das Leben anderer Menschen gefährden.

Von der äußeren zur inneren Ordnung

Die Pädagogin Maria Montessori hat einmal sinngemäß gesagt, dass Kinder nur in einer äußeren Ordnung zu einer inneren Ordnung finden. Das ist natürlich nicht nur bei Kindern so. Auch Erwachsene brauchen äußere Ordnung, um innerlich zur Ruhe zu kommen.

Es geht zum einen natürlich auch um aufgeräumte Kinderzimmer und Arbeitsplätze, weil diese viel zum Kreativitätsprozess beitragen können. Viel mehr noch denke ich hier aber daran, dass wir nicht mit einem schmutzigen Hemd und einer zerrissenen Hose zu einem Geschäftstermin gehen, sondern mit Anzug und Krawatte für äußere Ordnung sorgen. Genau diese Fähigkeit soll uns die Disziplin vermitteln. Für mich ist sie eine Form des Sich-nicht-gehen-Lassens, des bewussten Entscheidens.

Im Rahmen ihrer Fotografenausbildung müssen zum Beispiel meine Schüler auch die Techniken der Bildgestaltung erlernen. Hier geht es vereinfacht gesagt um die Frage, was man wo in einem Bild plazieren muss, um eine gewünschte Wirkung zu erzielen. Nun hat die Erfahrung der Jahrzehnte gezeigt, dass es hierfür durchaus verallgemeinerbare Regeln gibt. Sobald ich diese meinen Teilnehmern erklärt habe, kommt üblicherweise innerhalb kürzester Zeit der Einwand: »Du hast doch gesagt, man muss das immer so oder so machen!« Um Müssen, so antworte ich dann dem betreffenden Schüler, geht es hier nicht. Grundsätzlich kann jeder seine Bilder so gestalten, wie er es für richtig hält. Schon Friedrich Schiller hat gesagt: »Der Meister darf den Rahmen sprengen!« Man kann jede Regel missachten, solange man das mit Absicht tut und es einem nicht einfach passiert. Das hat schon damit zu tun, dass diese Missachtung vom Betrachter als bewusstes Abweichen und nicht als Schlampigkeit wahrgenommen werden soll. Nehmen wir an, es wäre mein künstlerischer Stil, unscharf zu fotografieren. Sind meine

Bilder nun nur ein bisschen unscharf, wird der Betrachter ungeachtet meiner Absicht davon ausgehen, dass ich nicht scharfstellen kann. Ich muss also die Unschärfe auf ein Level bringen, welches den Betrachter nicht mehr an meiner Absicht zweifeln lässt. Sonst könnte ich es ja auch umgekehrt sehr einfach im Nachhinein als Ausrede benutzen, um jeden Fehler mit einer angeblichen Absicht zu verschleiern. So verhält es sich auch in der Bildgestaltung. Wenn jemand beschließt, ein Gebäude bewusst schief aufzunehmen, dann ist das seine künstlerische Freiheit. Nimmt er es aber schief auf, weil er einfach zu faul ist, fünf Schritte nach links zu gehen, ist das nichts anderes als Disziplinlosigkeit.

Diszipliniertes Verhalten ist Verantwortung tragen

Ich schreibe das hier so ausführlich, weil die aus Protest entstehende Unfähigkeit zur bewussten Entscheidung im Leben weitreichende Folgen hat. Zwingt man einen Menschen als Kind zu einer ihm unverständlichen Disziplin, wird dieser als Erwachsener wahrscheinlich alles tun, um aus dieser auszubrechen. Das äußert sich dann zum Beispiel darin, dass jemand in seinem Unwillen, sich anzupassen, zu einem Geschäftstermin eben nicht im Anzug, sondern in diesen topmodernen zerrissenen Jeans kommt.

Das Problem ist nicht die konkrete Kleidung. Das Problem ist lediglich der Grund, aus dem er sie trägt. Schlichtes Provozieren wird ja wohl kaum der Zweck dieses Termins sein. Wer aber unfähig ist, sich für das Erreichen eines höheren Ziels bestimmten Dingen unterzuordnen, untergräbt nur seine eigene Autorität.

Solche Menschen entstehen aber nicht von alleine. Sie sind

das Produkt des Missbrauchs der Disziplin durch jene, denen sie vertrauen. Genauso ist es wichtig, manche Dinge ordentlich zu lernen, damit man sich nachher ganz bewusst dagegen entscheiden kann. Sagen zu müssen, dass ich etwas nicht möchte, nur um nicht zugeben zu müssen, dass ich es eigentlich gar nicht kann, nimmt mir viel von meiner Freiheit. Hier liegt tatsächlich die Aufgabe des Erziehenden darin, Disziplin nötigenfalls zu erzwingen. Nehmen wir als Beispiel das Zähneputzen. Dieses ordentlich zu lernen ist nicht eine Frage von wollen oder nicht wollen, sondern eine schlichte Notwendigkeit. Wie ein Mensch als Erwachsener mit diesem Thema umgeht, ist seine Sache. Wie damit bei einem Kind umgegangen wird, liegt hingegen in der Verantwortung des Erziehenden.

»Niemand hat das Recht, zu gehorchen«

Es gibt aber noch etwas, was unangenehm häufig mit Disziplin verwechselt wird: der Gehorsam. Ein disziplinierter Mensch, so höre ich oft, hat gelernt zu gehorchen. Vielleicht kommt diese Verwechslung ja daher, dass Gehorsam Disziplin voraussetzt. Umgekehrt haben die beiden aber nichts miteinander zu tun. Möchten Sie meine Meinung wissen?

Gehorsam ist für mich nichts anderes als eine nicht ausgebildete oder unterdrückte Fähigkeit zur Kritik.

Etwas zu tun, was einem eigentlich widerspricht, nur weil es ein anderer angeordnet hat, halte ich für keine Stärke, sondern ganz im Gegenteil für eine Schwäche. Natürlich jedoch für eine sehr bequeme, denn es spart viel eigenes Nachdenken, wenn man immer sagen kann: »Das hat ja der oder der angeordnet! Ich habe nur seinen Befehlen gehorcht!«

Ein wichtiger Grund, sich mit diesem Thema auseinanderzusetzen, ist die Tatsache, dass aufgrund genau dieser Bequemlichkeit Gehorsam weniger anerzogen als nur gefördert werden muss. Auch ich hatte als Kind immer wieder das Argument, dass mir jemand eine unsinnige Handlung angeordnet und ich sie ja nur deshalb ausgeführt hätte. Ich erinnere mich bis heute an die Antwort meiner Mutter: »Und wenn er dir sagt, du sollst aus dem Fenster springen, tust du das dann auch?« Nein, tue ich natürlich nicht. Aber warum dann das andere? Nehmen Sie doch einmal bitte kurz Ihr Notizheft, und schreiben Sie fünf Dinge hinein, die Ihrer Meinung nach Gehorsam von Disziplin unterscheiden. Das Schädliche an kindlichem Gehorsam, und das kann man wohl nicht oft genug betonen, ist, dass damit die Fähigkeit des eigenen Nachdenkens nicht nur unterdrückt, sondern abgetötet wird.

Es gibt ein Recht auf Grenzen, auf Autorität und auf Disziplin. Aber nichts davon kann einem Menschen die Verantwortung für etwas abnehmen, was er tut. Gleichgültig, wer es ihm befiehlt.

»Niemand«, so hat die Philosophin Hannah Arendt einmal gesagt, »hat das Recht, zu gehorchen.« Gehorsam ist aber wie der Glaube an eine allgemein verbindliche Moral eine Eigenschaft, die in vielen Menschen tief verwurzelt ist. Sie wird daher oft gefördert, ohne dass es dem Erziehenden überhaupt bewusst ist. Schreiben Sie bitte in Ihr Notizheft stichwortartig fünf Erziehungsmethoden, mit denen man Gehorsam fördern kann.

Lernen ist eine Form der Disziplin

Wie vorhin geschrieben, steckt in Disziplin das römische Wort »discipulus«, auf Deutsch »der Schüler«. Wohl auch deshalb sind Lernen und Disziplin so etwas wie zwei nahe Verwandte. Für mich ist das die schöne Seite der Disziplin. Jedes Wesen lernt dadurch, dass es von seiner Umwelt gefordert wird, sich weiterzuentwickeln.

Das bedeutet, dass der Drang zum Lernen zwar in jedem Geschöpf in der Anlage bereits vorhanden ist, aber dann durch die Umgebung aktiviert werden muss. So muss auch ein Kind gefordert werden, damit es sein gesamtes Potenzial entwickeln kann.

Fordern in meinem Sinn bedeutet aber nicht, es vor irgendwelche Aufgaben zu setzen, nach einiger Zeit mit strafendem Blick zu kontrollieren, wie weit diese gelöst worden sind, und dann mit erhobener Stimme die Fehler zu benennen. Das bringt gar nichts. Das wäre, als würde ein Reiseleiter seine Gäste auffordern, sich selbständig mit der Epoche der Gotik auseinanderzusetzen, und anschließend das Wissen prüfen.

Fordern meint, dem Kind eine Umgebung vorzubereiten, in der es gleichsam von selbst durch ständiges Probieren, Lernen und Überlegen zum Erfolg gelangen kann. Das ist, als würden Sie eine Fremdsprache lernen und das erste Mal jemanden erfolgreich in dieser nach dem Weg fragen. Alleine die Freude des Verstandenwerdens wird Sie zum Weiterlernen motivieren.

Gewinn macht süchtig nach noch mehr Gewinn. Man kann aber, und so viel zum Thema Strafen bei Nichterfolg, am Ende nur aus Erfolgen lernen. Denn Misserfolge zeigen uns höchstens, wie man etwas nicht macht, nicht aber, wie etwas funktioniert. Fordern müssen sich die Erziehenden aber auch selbst. Schließlich bedeutet es auch zuhören und Antworten geben. Vielleicht ja sogar einmal etwas nachschlagen, wenn sich eigene Wissenslücken offenbaren, und nicht sagen: »Das lernst du noch früh genug in der Schule!« Mit so einer Aussage fördern Sie höchstens gezieltes Desinteresse. Klar macht das alles Aufwand und Mühe. Aber genau dafür sind Sie als Förderer ja da. Interessanterweise sind es aber gerade Menschen, die sich das Lehren zum Beruf gemacht haben, die oft einen großen Mangel an Lerninteresse beklagen.

Wer Spaß hat, lernt besser

Wenn es ums Lernen geht, so höre ich oft, seien Kinder einfach unwillig und faul. Was mich zugegebenermaßen ein bisschen erstaunt. In seinen ersten Lebensjahren lernt ein Mensch nicht nur, sich in einer ihm völlig unbekannten Umgebung zurechtzufinden. Er lernt auch eine Sprache bis zum Grad der Perfektion, merkt sich dabei die Benennung Hunderttausender Dinge, er lernt zu sitzen, zu gehen und auch sonst alle Funktionen seines Körpers korrekt einzusetzen, er lernt, soziale Gefüge zu erkennen und selbst aufzubauen, er lernt, mit Liebe, aber auch mit Ablehnung umzugehen, und er lernt, in seiner Gesellschaft zu überleben. Wieso, frage ich mich, soll so ein Wesen plötzlich unwillig sein, weiterzulernen? Hier gibt es nun verschiedene Antworten. Als erste Begründung wird gerne die Tatsache gebracht, dass Kinder eben lieber spielen, als etwas »Sinnvolles« zu lernen. Dazu fehlt ihnen nach Meinung vieler Erwachsener die nötige Disziplin, die es eben nun zu erwerben gelte.

Ich habe jetzt gar nicht vor, mit Ihnen über die Frage zu diskutieren, ob das, was man beim Spielen lernt, sinnvoll sein kann. Ich will Sie lieber auf eine Reise mitnehmen, die ich extra für Sie ausgearbeitet habe.

Stellen Sie sich dazu bitte vor, dass wir diese Tour machen, damit Sie möglichst viel über das bereiste Land erfahren, anders gesagt also einen optimalen Lernerfolg haben. Natürlich habe ich mir ein spezielles Programm überlegt. Jeder Tag beginnt um sieben Uhr mit einer kurzen Einführung in Geschichte, Politik oder Geographie des bereisten Landes. Direkt aus dem Vortragsraum besuchen wir zuerst ein Museum, dann eine Kirche, anschließend zwei Schlösser, einen historischen Garten, noch eine Kirche, zwei Museen und abschließend ein berühmtes Denkmal. Um Zeit zu sparen, nehmen wir das Essen im Bus ein, so kann ich Ihnen während der Fahrt noch etwas erzählen. Wenn Sie am Abend ins Hotel kommen, sind Sie so müde, dass Sie sofort ins Bett fallen. Besonderes Augenmerk habe ich bei der Programmgestaltung nämlich darauf gelegt, dass keine Sekunde mit ungenutzter Freizeit vergeudet wird. Welchen konkreten Nutzen hätten Sie nämlich, verschwendeten Sie Ihre kostbare Zeit auf einen Bummel durch die Fußgängerzone oder ungezwungenen Kontakt mit Einheimischen? Da könnten Sie doch mit Sicherheit nichts Sinnvolles lernen. Ob ich Sie wohl auf dieser Reise als Gast begrüßen dürfte? Kaum. Aber – vielleicht Ihre Kinder? Auch wenn es nicht mit dem Machtanspruch mancher Erziehender zusammenpasst: Man kann beim Spielen wahrscheinlich mehr lernen als bei sonst etwas anderem.

Diese Theorie scheidet also aus. Was nichts daran ändert, dass Menschen tatsächlich in eine Phase kommen, in der sie sich weigern, den vorgesehenen Lernstoff zu verinnerlichen. Ich glaube aber gar nicht, dass das irgendetwas mit dem Alter zu tun hat.

Die Begabung seines Kindes fördern

Das Problem liegt hier viel eher am zu lernenden Stoff. Sie haben vielleicht schon gehört, dass es pädagogische Richtungen gibt, die davon ausgehen, dass ein Mensch sich von sich aus mit jenen Thematiken beschäftigt, die seiner inneren Reife entsprechen. Auf einen Erwachsenen umgelegt bedeutet das, dass er sich ganz grundsätzlich einmal wohl nicht für die sozialen Probleme in »Hinterostkenntkeinerstan« interessiert. Zumindest so lange nicht, bis er einmal persönlich dort war und mit diesen konfrontiert wurde. Die Gegner dieser Idee kommen nun sofort mit oben besprochener Faulheitstheorie. Niemals, so meinen sie, würde sich zum Beispiel ein Schüler freiwillig mit höherer Mathematik beschäftigen, wenn er dazu kein Talent hätte. Zu dieser Beschäftigung führt nur die durch einen Erzieher erzwungene Disziplin. Hier gebe ich ihnen sogar recht.

Was mir aber unverständlich bleibt, ist die Frage, wieso jemand überhaupt seine Zeit damit vertun soll, sich gezwungenermaßen mit etwas auseinanderzusetzen, was völlig außerhalb seines Begabungshorizonts liegt? Warum fördern wir nicht die wirklichen Talente der Kinder, anstatt ihnen ständig nur die Grenzen ihrer Fähigkeiten aufzuzeigen? Weil wir, wie der römische Philosoph Seneca einmal so schön gesagt hat, »nicht für das Leben, aber für die Schule lernen«. Und diese ist nun mal die Macht einiger weniger, die von ganz oben nicht nur eine Heerschar ihnen gehorsamst untergebener Erfüller dirigieren, sondern auch über den Lebensweg Millionen unschuldiger Menschen entscheiden. Warum habe ich als Schüler zwar etwas über den Ablauf der Präsidentenwahlen auf einem fernen Kontinent gelernt, aber nichts Konkretes über das Programm jener Parteien, die ich demnächst wählen sollte?

Lassen Sie mich die Sache zusammenfassen. Wer Menschen die Kunst der Disziplin lehren will, der muss erst einmal selbst verstehen, was diese uns lehrt. Nicht Unterwerfung, nicht Gehorsam und nicht das zwanghafte Handeln gegen Fähigkeiten und Begabungen. Ganz im Gegenteil:

Disziplin bedeutet Achtsamkeit, Lebensfreude und den anderen dazu zu bringen, noch besser zu werden in dem, was er gut kann.

DISZIPLIN
BEDEUTET ACHTSAMKEIT

Was ist der Unterschied zwischen Disziplin und Machtausübung?

Wann haben Sie das letzte Mal einen Menschen in seinem Tun unterbrochen, ohne dass es notwendig war? Warum?

....

Ist es für ein erfolgreiches Leben wichtiger, die Gedichte von Gaius Valerius Catullus auswendig zu können oder die Grundregeln der Integralrechnung zu beherrschen?

....

Was hat Sie als Kind interessiert, was Ihre Erzieher nicht gefördert haben? Warum war das so?

....

Was hat Sie als Kind nicht interessiert, was Ihre Erzieher aber schon gefördert haben? Warum?

....

Wann ist man ein guter Schüler? Warum?

....

Warum sollte man Ihnen Respekt entgegenbringen?

....

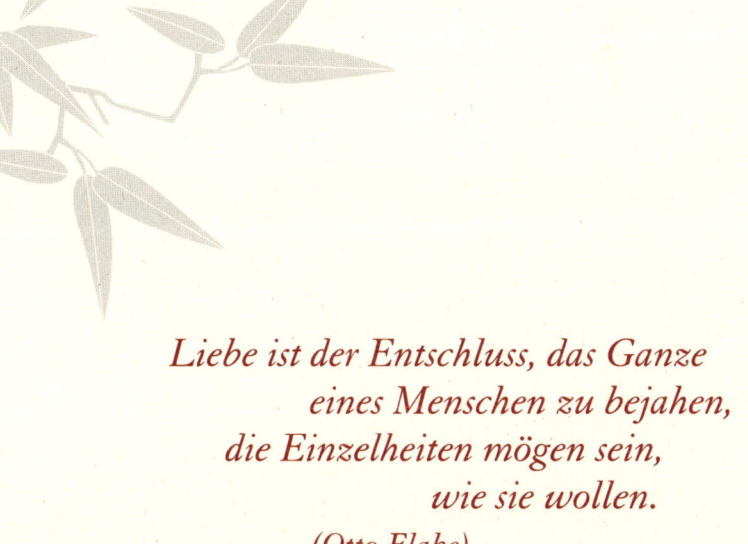

Liebe ist der Entschluss, das Ganze
eines Menschen zu bejahen,
die Einzelheiten mögen sein,
wie sie wollen.

(Otto Flake)

TEIL 3

Wege ins Leben

Das Werk vollbringen,
sich selbst zurückziehen,
so ist des Himmels Weg.
(Laotse)

10. Die Kunst der bedingungslosen Liebe

Du aber liebe mich, auch wenn ich schmutzig bin. Denn wenn ich weiß gewaschen wäre, liebten mich ja alle. (Fjodor Dostojewski)

Lerne, die Liebe zu deinem Kind von der Erfüllung deiner Wünsche zu trennen.

Wenn Sie diese Zeilen lesen, haben Sie den schwierigsten Teil dieses Buches geschafft. Das war anstrengend, ich weiß. Aber jetzt sind Sie angekommen. Sie haben sich mit Ihrer eigenen erzieherischen Herkunft auseinandergesetzt und mit dem Wesen und den Bedürfnissen Ihres Kindes. Bleibt noch eine Frage zu klären: Wie sehen Sie Ihr Kind? Sind Ihre Vorstellungen vom Leben auch die Ihres Kindes?

Neulich habe ich eine tolle Geschichte gelesen, die ganz gut zu diesem Kapitel passt. Ein gewisser Herr Keuner, so schreibt der Schriftsteller Bertolt Brecht, wurde einmal gefragt: »Was tun Sie, wenn Sie einen Menschen lieben?« »Ich mache einen Entwurf von ihm«, sagte Herr K., »und sorge, dass er ihm ähnlich wird.« – »Wer? Der Entwurf?« – »Nein«, sagte Herr K., »der Mensch.« Eine komische Geschichte? Schon. Aber sie ist gar nicht so weit hergeholt. Ich will Ihnen zeigen, warum.

Schreiben Sie bitte in Ihr Notizbuch folgende Überschrift: »Was ich mir von meinem Kind wünsche«. Schreiben Sie nun untereinander fünf Dinge, die Ihnen bei einem Kind sehr wichtig sind. Das können gute Schulnoten sein, eine handwerkliche Begabung, Höflichkeit, aber auch ganz persönliche Dinge wie zum Beispiel der Wunsch, Ihr Kind möge heterosexuell und nicht homosexuell sein. Scheuen Sie sich bitte nicht, hier wirklich aufrichtig zu sein. Wenn Sie fertig sind, notieren Sie neben dem jeweiligen Begriff, welche Gefühle es bei Ihnen auslöste, hätte das Kind die genannte Eigenschaft nicht. Zum Schluss kreisen Sie jene Eigenschaften ein, deren Fehlen einen direkten Einfluss auf Ihr Verhältnis zu Ihrem Kind hätte. Fürchten Sie sich bitte bei Ihrer Auflistung nicht, dass irgendetwas lächerlich oder unbedeutend sein könnte. Seien Sie einfach ehrlich, und haben Sie den Mut, unzensiert Ihre Meinung zu Papier zu bringen. Niemand wird Ihre Notizen lesen. Erstaunlich, was dabei herauskommt, nicht wahr?

In der Theorie nimmt sich wohl jeder Erziehende vor, in seinem Kind das zum Blühen zu bringen, was als Keim in ihm schon vorhanden ist, und nicht zu versuchen, aus einer Rose eine Tulpe zu machen. Zu begleiten also, statt einzugreifen. Es macht also keinen Sinn, ein Kind mit einer extrem naturwissenschaftlichen Begabung auf eine sprachlich orientierte Schule zu schicken, nur weil die Eltern glauben, dass es dadurch bessere Chancen im Berufsleben hat.

Wer begleitet, statt einzugreifen, hat akzeptiert, dass jeder Mensch eine eigenständige Persönlichkeit mit individuellen Fähigkeiten, Begabungen und Interessen ist. Er ist bereit, diese zu erkennen und zu fördern, auch wenn diese von seinen eigenen abweichen.

Kein Kind ist unfehlbar

In der Praxis haben viele Erziehende ein Problem mit einem Wesen, das sich nicht so entwickelt, wie sie sich das vorstellen. Selbst wenn Sie glauben, davon nicht betroffen zu sein: Es ist ganz wichtig, sich diese Problematik ins Bewusstsein zu bringen. Wäre Ihr Kind ein Mörder, hätten wahrscheinlich auch Sie ein Problem damit. In dem Moment, in dem ein Kind vom Weg abweicht, den sich die Erziehenden vorstellen, beginnt oft ein Teufelskreis, aus dem es ein Leben lang fast kein Entrinnen mehr geben wird.

Angenommen, Ihr vierzehnjähriger Sohn wird in einem Kaufhaus beim Stehlen erwischt. Ich weiß zwar, dass keines Ihrer Kinder jemals so etwas täte, und weiß auch, dass das ein Abweichen vom tatsächlich richtigen Weg ist, aber nehmen wir es trotzdem einfach einmal an. Es kommt also die Polizei, bringt Ihnen Ihr Kind und bittet Sie mit Ihrer Unterschrift zu bestätigen, dass dieses kriminell geworden ist. Bei dem sichergestellten Diebesgut handelt es sich um nichts Wertvolles, es geht vielmehr um einen billigen Kugelschreiber und um ein kleines Notizbuch. Für Sie besonders unverständlich ist die Tatsache, dass Ihr Sohn nicht nur genügend Taschengeld bekommt, sondern aus Ihrer Sicht jederzeit zu Ihnen kommen könnte, wenn er etwas brauchen würde.

Sehen Sie die Situation vor sich? Dann notieren Sie bitte ganz spontan in Stichpunkten, wie Sie in dieser Situation reagieren würden. Sehr wahrscheinlich mit Unverständnis und Ärger. Auch wenn interessanterweise das Problem in solchen Fällen weniger das Vergehen als solches ist als vielmehr die Frage, wie das alles weitergehen soll: Das Verhältnis zu Ihrem Kind wird sich mit Sicherheit verändern. Und damit natürlich auch Ihr Verhalten ihm gegenüber. Das hat meist weniger mit erzieherischer Macht zu tun als vielmehr mit diesen so plötzlich einsetzenden Fragen wie: »Was habe ich falsch gemacht?« Diese sind hier aber mehr als fehl am Platz.

Jede Schuldsuche bei Fehlverhalten Ihrer Kinder treibt Sie noch weiter in die Enge und verschlimmert die Lage. Fragen Sie lieber: »Was ist da falschgelaufen?«

Denn gerade die in der Folge häufig einsetzende Entfremdung zwischen Erziehenden, die verdrängen möchten, dass ihre Kinder gerade einen Unsinn gemacht haben, und den betroffenen Jugendlichen selbst hat oft fatale Folgen. Das Kind fühlt sich verständlicherweise abgelehnt. (Falls Sie an dieser Stelle in die Versuchung kommen, zu urteilen, lesen Sie noch einmal das Kapitel über die inneren Werte auf Seite 63 ff.) Denn es hat zum einen noch weniger Grund, den Erwachsenen zu gefallen, und zum anderen verstärkt sich das Gefühl, ohnehin nichts mehr verlieren zu können. In welches Gefühlschaos Kinder dadurch geraten und welche weiteren, viel schlimmeren Reaktionen daraus entstehen können, finden Sie immer wieder in der einschlägigen Presse. Ich weiß, dass es sich hierbei um Extremfälle handelt, aber auch die Erzieher dieser Kinder sind Menschen wie Sie.

Distanz statt Identifikation

Es ist in diesem Zusammenhang oft interessant zu beobachten, dass Erwachsene durchaus Verständnis für vermeintliches oder auch tatsächliches Fehlverhalten von Menschen haben, solange es sich dabei nicht um ihr eigenes handelt. Niemand steht immer nur aufseiten des Rechts, manchmal ist jedem die Seite der Gerechtigkeit lieber. Sosehr wir aber manche Aktivitäten auch heimlich gutheißen, endet das spätestens dort, wo unsere eigenen Kinder daran beteiligt sind: »Generell finde ich die Demo sehr gut, aber dass mein Kind da mitmacht, will ich eigentlich nicht.«

Das rührt daher, dass sich viele Erziehende schon deshalb mit ihren Kindern identifizieren, weil sie glauben, durch diese ihren eigenen gesellschaftlichen Status zu festigen.

Wenn »ihr« Kind einen Preis bekommt, haben viele den Pokal gedanklich selbst im Wohnzimmer stehen und sehen sich als Sieger. Ist der Sprössling aber in der Schule schlecht und muss vielleicht sogar eine Klasse wiederholen, fühlen sich viele Erziehende als Versager. Und das, obwohl sie ja nichts von beidem sind.
Grundsätzlich ist diese Identifikation mit einem anderen Menschen etwas ganz Natürliches. Sie ist weder ungewöhnlich noch krank noch sonst wie problematisch, sie ist schlicht und einfach normal. Ein gutes Beispiel dafür ist der Fußball, wo Menschen stolz darauf sind, einer Nation anzugehören, nur weil deren Mannschaft gewonnen hat. Was, ganz ehrlich gefragt, haben diese Leute dazu beigetragen? Und warum ist jemand weniger stolz auf ein Land, nur weil ein Team den letzten Platz belegt hat? Die Antwort lautet: Weil wir uns unbewusst mit diesen Personen identifizieren und deren Handeln als unser eigenes fühlen.
Dass man Menschen dazu bringen kann, sich mit anderen

gleichzusetzen, ist schon lange bekannt und wird nicht nur in der Werbung ganz gezielt eingesetzt. Denn wenn in einem Film der Held kurz davor ist, in eine tödliche Falle zu laufen, werden die wenigsten völlig unbewegt hinter dem Fernseher sitzen. Vielmehr werden sie für den Helden mitzittern und seine Angst dadurch zu ihrer eigenen machen. Nun gibt es bekanntlich Filme, die so realitätsnah sind, dass auch Erwachsene sich fürchten. Was tut man in so einem Fall? Man macht sich bewusst, dass es sich nur um einen Film handelt und der Schauspieler nicht alleine und auch nicht in Gefahr ist. Man verlässt also ganz bewusst die Ebene der Emotion, um einen Schritt zurückzutreten und sich einen Überblick über die gesamte Situation zu verschaffen. Verstehen Sie, was ich meine? Sie können sich in eine extrem spannende Geschichte so weit hineinziehen lassen, dass Sie sich förmlich in die Hose machen. Oder aber, Sie können ganz bewusst die Identifikation stoppen und aus der Sache aussteigen.

Versuchen Sie jetzt diese Erfahrung aus dem Kino auf die Erziehung zu übertragen. Auch hier gibt es im Familienalltag oft eine Dramatik, die einem Film gleichkommt. Der Schauspieler ist nun Ihr Kind, welches einen Fehler gemacht hat. Sie können hier entweder Ihren Fokus so lange auf den Ausrutscher richten, bis eine normale Kommunikation nicht mehr möglich ist, sich sozusagen wie bei einem Thriller in die Szene so weit hineinziehen lassen, dass Sie vor Angst gelähmt sind. Die bessere, wenn auch zugegebenermaßen schwierigere Möglichkeit ist, sich emotional aus der ganzen Sache herauszuhalten. Die Technik ist hierbei die gleiche wie bei dem Film. Sehen Sie nicht einen Sünder, einen Dieb oder sonst etwas Negatives vor sich. Denken Sie ganz bewusst: »Es ist mein Kind.« Wobei, und das sei nur der Vollständigkeit halber erwähnt, »mein« in diesem Fall natürlich eine Zugehörigkeit ausdrücken soll und keinen Besitz.

Verstehen Sie mich richtig: Bedingungslose Liebe bedeutet nicht, alles, was der geliebte Mensch tut, als richtig zu betrachten und gutzuheißen, auch wenn es das gar nicht ist. Aber das wissen Sie mittlerweile ohnehin. Es bedeutet aber sehr wohl, für ein Wesen, dem ich mein Vertrauen angeboten habe, auch dann da zu sein, wenn sich dieses anders verhält, als ich es mir vorgestellt habe.

Ich habe manchmal das Gefühl, dass Erziehende einem Kind gegenüberstehen wie einem nicht funktionierenden Gerät, welches sie voller Enttäuschung geistig in den Müll werfen. Genau das aber ist die einzige falsche Art der Identifikation.

Es gibt keinen Grund, von einem Kind enttäuscht zu sein. Ein Kind ist weder Ihr Produkt, noch muss es funktionieren. Ein Kind soll geliebt werden.

Sie haben gerade gesehen, dass die Kunst der bedingungslosen Liebe zu einem großen Teil eine Kunst der Distanz ist. Oft fragen sich Eltern, warum Großeltern bei den Enkelkindern ihre eigenen Erziehungsmethoden plötzlich so kritisch sehen. Das hat eben mit diesem Abstand zu tun, den diese zu den Kindern haben. Großeltern sehen in ihren Enkeln einfach Kinder und nicht sich selbst. Selbstredend haben sie auch viel mehr Distanz zu den Alltagsproblemen, mit denen Eltern Tag für Tag beschäftigt sind. Trotzdem behaupte ich aber, dass es Großeltern leichterfällt als den

195

Eltern, zu akzeptieren, dass der Enkel sich nicht nach ihren Vorstellungen entwickelt. Der Standort des Betrachters, so sagt man in China, ändert seine Sicht der Dinge. Auch in der Erziehung.

Denn die Frage, ob wir in etwas emotional verwickelt sind oder es aus unbeteiligter Entfernung betrachten, verändert unsere Wahrnehmung einer Situation.

Angenommen, Sie liegen mit einem guten Freund gerade sehr heftig im Streit. Beim letzten Treffen eskalierte die Situation, und sie haben seitdem nichts mehr voneinander gehört. Nun lässt Ihnen die Angelegenheit aber keine Ruhe, und Sie beschließen, den Freund anzurufen und ihm noch einmal Ihre Meinung zu sagen. Sie nehmen also das Telefon, wählen die Nummer, hören das Freizeichen, lassen es fünfmal, siebenmal, neunmal läuten. Ihr Freund hebt aber nicht ab. Was denken Sie? Lassen Sie mich raten: »Das war doch eh klar, dass er jetzt auch noch meine Anrufe ignoriert!«, oder? Gut. Dann gleiche Situation, aber diesmal ohne Streit. Sie rufen einen Freund an, um ihn etwas zu fragen, doch dieser hebt nicht ab. Was denken Sie diesmal? Vielleicht, dass er gerade beschäftigt ist oder das Läuten einfach nicht gehört hat? Aber selbst wenn jener Freund in diesem Moment tatsächlich nicht mit Ihnen sprechen möchte, ist das seine Sache, und Sie müssen es akzeptieren. Oder lassen Sie sich umgekehrt gerne dazu zwingen, mit Menschen zu reden, wenn Ihnen so überhaupt nicht danach ist? Verwechseln Sie bitte Distanz nicht mit irgendeiner Form des Entzugs von Liebe. Distanz ist unentbehrlich, weil sie es uns erst ermöglicht, ein Problem aus der Entfernung und

damit ohne Emotionen zu betrachten. Liebe ist aber uner-
lässlich, wenn man dann darangeht, das Problem zu lösen.

Dein Kind ist nicht »dein« Kind

Es sind aber nicht nur Emotionen, die Distanz unmöglich
machen. Sehr ähnlich verhält es sich auch bei allem, was
wir als unser Eigentum betrachten. Spricht zum Beispiel
jemand schlecht über »unseren« Computer, »unser« Auto,
Telefon oder Fernseher, dann meint er damit das Gerät. Er
kritisiert also weder unsere Arbeit noch uns selbst, sondern
schlicht die Eigenschaften eines Geräts, mit dessen Design
und Funktionalität wir nicht einmal am Rande etwas zu
tun haben. Trotzdem aber werden wir das Gerät aus tiefs-
tem Herzen verteidigen. Warum ist das so? Weil wir die
nicht persönlich gemeinte Kritik sehr wohl persönlich verstehen. Schließlich ist es ja »unser« Gerät.
Gleiches gilt auch für Kinder. Auch wenn Sie für diese Verantwortung haben, sind sie nicht Ihr Eigentum. Denken
Sie an und über diese wie über »Ihre« beste Freundin, aber
setzen Sie sie nicht »Ihrem« Fernseher gleich. Erstere besitzen Sie ja schließlich auch nicht. Das erleichtert auch vieles
andere. Denn nur, wenn Ihr Kind einfach deshalb »Ihr«
Kind sein kann, weil es zu Ihnen gehört, muss es weder das
gescheiteste noch das fleißigste noch sonst wie zwanghaft
besser sein als die anderen.
Warum sonst können Sie bei Ihrem besten Freund ganz
selbstverständlich über so vieles hinwegsehen, was Sie beim
Nachwuchs so schrecklich stört? Warum sonst können Sie
Ihre Freundin als den Menschen akzeptieren, der sie ist,
tun sich aber bei Ihrem Sprössling damit so schwer? Weil

Sie sie nicht als Ihr Eigentum betrachten. Ein Kind ist kein Produkt, das man mit anderen Produkten, die der Freundeskreis angeschafft hat, vergleichen darf oder kann. Wenn das schon nötig ist, gibt es dafür Autos, Fernseher und Wohnzimmereinrichtungen.

Bedingungslose Liebe braucht Vertrauen

Wahrhaftige Liebe zu geben und zu zeigen ist auch deshalb so unglaublich wichtig, weil sie ein immenses Vertrauen schafft. Sie stärkt das Selbstbewusstsein und gibt Kindern auch in Krisensituationen den nötigen Halt. Viele schreckliche Dinge der Vergangenheit wie zum Beispiel ein Amoklauf in einer Schule wären nicht passiert, hätten sich die betreffenden Jugendlichen vorher jemandem anvertrauen können, von dem sie sich wirklich geliebt gefühlt hätten.

Wenn aber Ihr Kind nicht einmal wegen einer schlechten Schulnote zu Ihnen kommen kann, weil es Angst hat, dass Sie ihm Ihre Zuneigung entziehen, wie soll es Ihnen dann ein größeres Problem anvertrauen? Und wenn nicht Ihnen, wem dann?

Liebe muss bedingungslos sein, oder sie ist nicht echt.

Ich darf auch meine Zuneigung zu meinen Lesern nicht davon abhängig machen, ob sie meine Bücher gut finden.

Erinnern Sie sich noch, dass ich vorher geschrieben habe, dass Anerkennung und Zuwendung die zwei wichtigsten Dinge sind, die ein Mensch zum Leben braucht? Dann behalten Sie das immer im Hinterkopf. Er wird alles tun, um

diese zu bekommen, und umgekehrt alles vermeiden, was zu ihrer Entziehung führen könnte.

Sobald ein Kind weiß, dass Eltern auf gewisse Wahrheiten mit Liebesentzug reagieren, werden sie diese einfach nicht mehr erzählen. Sie lügen dann lieber, als zu riskieren, die Zuneigung ihrer Eltern zu verlieren. So Sie das nicht wollen, müssen Sie als jemand bekannt werden, mit dem man über alles sprechen kann. Lernen Sie, die Liebe zu Ihrem Kind ganz bewusst von der Erfüllung Ihrer Vorstellungen und Wünsche zu trennen.

Ein Mensch, der in seiner Kindheit das Gefühl vermisst, auch dann geliebt zu werden, wenn er seinen eigenen Weg geht, wird als Erwachsener ein wehrloser Jasager.

Die Kunst der bedingungslosen Liebe möchte Sie lehren, die Entscheidungen Ihres Kindes auch dann zu akzeptieren, wenn diese von Ihren Wünschen abweichen.

Lieben Sie Ihr Kind, auch wenn Sie meinen, dass es »schmutzig« ist. Denn wenn es »weiß gewaschen« wäre, dann liebten es ja alle.

EIN KIND LIEBEN, WIE ES IST

Sind Sie in der Lage, Ihre Liebe von der Erfüllung Ihrer Vorstellungen zu trennen? Die folgenden Fragen sollen als Orientierung dienen.

Ist bedingungslose Liebe wirklich möglich?

....

Welche Eigenschaft vermissen Sie bei Ihrem Kind am meisten?

....

Haben Ihre Eltern Sie bedingungslos geliebt?

....

Sind Sie ein guter Zuhörer?

....

Was bedrückt Ihr Kind zurzeit am meisten?

....

Welchen Stellenwert haben für Sie Schulnoten?

....

Wenn ein Kind kein Eigentum ist, was ist es dann?

....

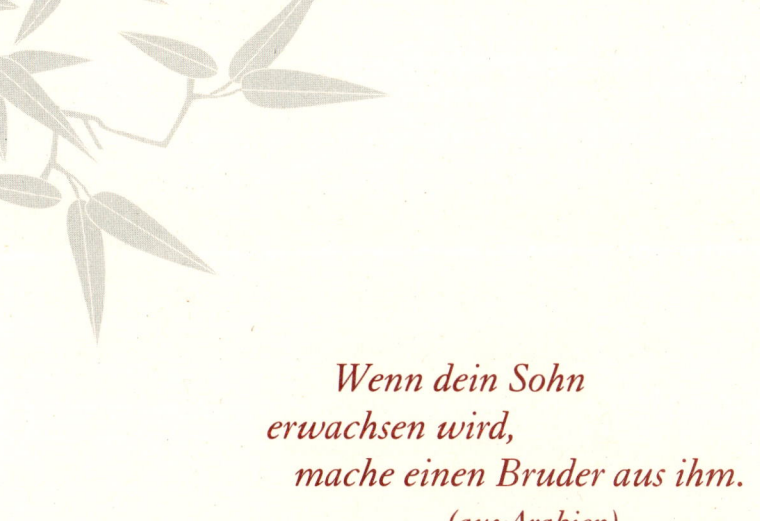

*Wenn dein Sohn
erwachsen wird,
  mache einen Bruder aus ihm.*
      (aus Arabien)

11. Die Kunst der Partnerschaft

Ein guter Lehrer bleibt ein Schüler
bis an das Ende seiner Tage.
(aus China)

Lerne, dass dein Kind nicht dein Partner,
aber ein gleichwertiges Gegenüber ist.

Vor einiger Zeit hatte ich die Gelegenheit zu einer sehr interessanten Beobachtung. In einem Restaurant saßen am Nebentisch zwei Familien mit kleinen Kindern. Unter den Erwachsenen waren auch zwei Raucher. Als alle fertiggegessen hatten, fragt einer der beiden in die Runde, ob es denn jemanden störe, wenn er rauche. Keiner der Erwachsenen hatte etwas dagegen, und so zündeten beide Raucher sich eine Zigarette an. Fällt Ihnen an dieser Szene etwas auf? Ich meine, finden Sie es nicht auch eigenartig, dass hier zwar die Großen gefragt, die Kleinen aber ignoriert werden? Nun gut, werden Sie sagen, die Kinder stört das so oder so immer, da brauchte man gar nicht zu fragen. Doch sollte vielleicht ein Erwachsener nur deshalb darauf verzichten?

Ähnlich ignorantes Verhalten ist auch beim Zusammenleben mit Kindern zu beobachten, vor allem im häuslichen Bereich. Viele Erziehende, die mit Kindern den Lebensraum teilen, rauchen dort ganz selbstverständlich. Zumindest so lange, bis ein erwachsener Nichtraucher dazukommt und ganz deutlich sagt, dass ihn der Rauch stört. Was ich Ihnen damit sagen möchte? Nicht, dass das Rauchen in der Gegenwart von Kindern ein Problem ist. Das wissen Sie wohl selbst. Ich möchte Ihnen zeigen, dass vielen Menschen eine gewisse Respektlosigkeit Kindern gegenüber schon so selbstverständlich geworden ist, dass diese ihnen gar nicht mehr auffällt.

So mag es auch manchem als sinnvolle Erziehungsmaßnahme erscheinen, Kindern das Spielzeug aus der Hand zu reißen oder einfach Dinge wegzunehmen. Mehr noch als die Handlung selbst verwundert mich daran die selbstverständliche Härte, mit der sie geschieht. Von der grundsätzlichen Richtigkeit ihres Handelns können diese Erziehenden ja ebenso wenig überzeugt sein wie jene Menschen, die Kinder schlagen. Sonst würden sie sich dem Chef oder einem Kunden gegenüber genauso verhalten.

Nehmen Sie bitte Ihr Notizheft, und schreiben Sie dort fünf Verhaltensweisen hinein, die Sie Kindern gegenüber selbstverständlich finden, Erwachsenen gegenüber jedoch niemals an den Tag legen würden. Daneben notieren Sie, warum das so ist. Sollten Sie jetzt versucht sein, zu meinen, dass ein Kind manches eben nicht anders verstehe, dann stellen Sie sich bitte auch die Frage, warum das nicht für Erwachsene gilt? Abschließend kreisen Sie bitte jene von diesen Verhaltensweisen ein, auf die Sie wirklich stolz sind und die Sie ganz bewusst einsetzen. Wie viele sind das?

Wann immer über Erziehung diskutiert wird, taucht unweigerlich die Frage auf, ob man das Kind als Partner sehen soll, das heißt, ob man es überhaupt als solchen sehen darf. Zu dem Zeitpunkt, als ich dieses Buch geschrieben habe, war der allgemeine Tenor, dass das partnerschaftliche Verhältnis zu Kindern mit zu den schlimmsten Fehlern gehöre, die man in der Erziehung machen kann. Ich sehe das etwas differenzierter. Bevor wir aber diese Frage genauer erörtern können, müssen wir erst einmal definieren, wovon wir überhaupt sprechen.

Einem Kind auf Augenhöhe begegnen

Unter dem Begriff »Partnerschaft« ist nicht ausschließlich das Verhältnis zwischen Mann und Frau zu verstehen oder sonst zweier Menschen, die sich auf eine intime Weise zusammengehörig fühlen. Es gibt ja auch noch neutrale Verbindungen wie zum Beispiel Geschäftspartner, Reisepartner und Tausende andere Arten einer partnerschaftlichen Verbindung. Ihnen gemein ist eine Zusammengehörigkeit im Interesse einer bestimmten Sache.

Für mich bedeutet Partnerschaft die Bereitschaft, sich ganz bewusst auf ein gegenseitiges Geben und Nehmen einzulassen, und gleichzeitig die einzig vertretbare Form zwischenmenschlichen Umgangs.

Ob ich der Meinung bin, dass dieser auch mit einem Kind möglich ist? Wollen wir einmal andersherum beginnen: Was ist das Gegenteil von Partnerschaft? Was ist ein Kind, wenn es kein Partner ist? Und noch anders gefragt: Können Sie einem Kind auf Augenhöhe begegnen, wenn Sie es nicht als Partner bezeichnen? Ein Kind, so viel ist einmal ganz sicher, ist kein Untergebener. Klar hat es Schwächen, und natürlich ist es von anderen Menschen abhängig. Aber das sind Sie genauso.

Schreiben Sie doch einmal zehn Dinge in Ihr Notizheft, für die Sie andere Menschen brauchen. Sobald Sie fertig sind, hätte ich folgende Frage: Wenn ein Elektriker gegen Bezahlung Ihre Lampe montiert, weil Sie das selbst nicht können, dann stehen Sie ganz offensichtlich in einem Abhängigkeitsverhältnis zu ihm? Sind Sie deshalb sein Untertan?

Auch von einem Reiseleiter wird erwartet, dass er gleichsam wie ein guter Erzieher auf die Bedürfnisse seiner Gäste eingeht. Er muss akzeptieren, dass diese ab und zu Hilfe brauchen, und ihnen diese, wo nötig, auch geben. Hat er aber deshalb das Recht, die Kunden von oben herab zu behandeln? Darf er sich über seine Mitreisenden mehr oder weniger offen lustig machen, nur weil er in seinem Bereich das größere Fachwissen hat? Werden somit die Menschen, die sich seiner Führung anvertrauen, zu seinen Untergebenen, mit denen er umgehen kann, wie es ihm beliebt? Wohl kaum.

Nun werden nicht nur einem Touristikführer, sondern auch Erziehenden manchmal Fragen gestellt, deren Beantwortung aus verschiedensten Gründen einfach in der Situation nicht möglich ist. Das kann sein, weil der Gefragte selbst die Antwort nicht kennt, das kann sein, weil der Zeitpunkt dafür tatsächlich ungünstig ist oder aber weil es dem Gefragten nicht möglich ist, eine dem Wissensstand des Fragenden angemessene Antwort zu geben. Im Verhältnis zwischen Erwachsenen und Kindern führt solch eine Situation sehr häufig zu den bekannten »Das verstehst du noch nicht«-Aussagen.

Erziehung funktioniert nicht von oben nach unten

Sie denken jetzt vielleicht, das sei ja verständlich, da das Kind den Sachverhalt tatsächlich noch nicht begreifen könne. Das mag schon sein. Aber wie reagieren Sie, wenn ein Reiseleiter vor der versammelten Gruppe zu Ihnen sagt: »Wie diese Kirche genau gebaut wurde, brauchen Sie nicht zu wissen. Das verstehen Sie ja ohnehin nicht«? Selbst wenn Sie tatsächlich kein Verständnis für den architektonischen Hintergrund hätten, diese Antwort würde mit Sicherheit Ihr Verhältnis zum Reiseleiter trüben und im schlimmsten Fall eine kräftige Beschwerde nach sich ziehen.

Doch wo könnte sich ein Kind beschweren? Ich will damit jetzt gar nicht sagen, dass man immer alles erklären muss oder erklären kann. Aber »Die Kirche ist im Stil des soundsovielten Jahrhunderts gebaut. Die ganz genaue Baugeschichte würde jetzt ein bisschen zu weit führen« tut es auch und verletzt niemanden. Welche der beiden Antworten ich nun gebe, hängt zu einem großen Teil davon ab, wie ich zu dem Fragenden stehe. Viele Erziehende glauben in der Empfehlung, ein Kind nicht als Partner zu betrachten, eine Aufforderung zu sehen, es als etwas tiefer Stehendes zu betrachten. Was dann zu oben beschriebenem Verhalten führt.

Erziehung, die Kinder ins Leben führen soll, kann nicht

von oben nach unten funktionieren. So etwas klappt nur von Mensch zu Mensch, und das auch nur dann, wenn der Erziehende bereit und in der Lage ist, ein Kind als gleichwertiges Gegenüber zu akzeptieren.

Kinder nicht mit eigenen Problemen überfordern

Nun sind die Warnungen mancher Experten vor der elterlichen Einstellung, das Kind als Partner zu sehen, weder bösartig noch grundlos. Vielmehr haben diese das Problem erkannt, dass Partnerschaft für viele Erwachsene vorrangig bedeutet, die eigenen Schwierigkeiten zu teilen. Sie fragen sich jetzt vielleicht, wo denn da das Problem liegt. Mein Gott, denken viele, was ist da schon dabei, wenn ich dem Kind von meinen Sorgen erzähle? Leider mehr, als Sie denken. Zum einen befindet sich ein Kind in einer anderen Entwicklungsphase als ein Erwachsener. Sie müssen sich seine Lage vorstellen, als hätten Sie sich mitten im Dschungel von einem Helikopter abgeseilt und stünden nun alleine im Wald. Also sind Sie damit beschäftigt, Ihre Umgebung zu erkunden, zu lernen, mit dieser umzugehen, sich zu orientieren und zu verstehen, wer Freund und wer Feind ist. Sie sind also mit Ihrer ganzen Wahrnehmung und Empfindung ziemlich ausgelastet. In diese Situation platzte nun ich hinein. Ich stürme auf Sie zu, und ohne zu fragen, ob Sie Zeit haben, beginne ich Ihnen zu erzählen, dass ich in der letzten Woche einen großen Kunden verloren hätte und dieser Verlust nun nicht nur die Existenz meiner Firma, sondern auch meine eigene gefährde. Um die Angelegenheit noch realer zu machen, nehmen wir an, wir beide wären sehr gut befreundet, und Sie würden alles tun, um mir zu helfen. Unglücklicherweise haben Sie jedoch gerade eine große Menge eigener Herausforderungen und können in diesem Moment und auch in den nächsten paar Wochen und Monaten nichts für mich tun.

Sind Sie bei mir? Dann schreiben Sie jene fünf Stichworte in Ihr Notizheft, mit denen sich Ihre Gefühlslage am besten beschreiben lässt. Und wenn Sie das nächste Mal bemerken, dass Sie im Begriff sind, mit Ihrem Kind Probleme zu teilen, die es nicht einmal verstehen, geschweige denn lösen kann, kehren Sie gedanklich kurz in unseren Dschungel zurück.

Was aber ist zu tun, wenn sich ein Kind von selbst danach erkundigt, ob Sie traurig sind oder Probleme haben? Wenn Ihre Schwierigkeiten auch Auswirkungen auf sein Leben haben? Dann müssen Sie ehrlich sein, selbst wenn es Ihnen schwerfällt. Sitzen Sie also beispielsweise abends weinend am Tisch, weil das Geld im Moment wirklich knapp ist, und ein Kind sieht Sie in dieser Situation, dann spielen Sie ihm nichts vor. Kinder registrieren mehr, als Erwachsene glauben wollen. Sagen Sie ihm, wie es ist, und halten Sie die Tatsachen nicht zurück. Eindrücke aufrechterhalten zu müssen, die nicht der Wahrheit entsprechen, führt innerhalb kürzester Zeit zu Spannungen, die sich dann meist in einem fürchterlichen Krach entladen. Das ist nicht nur unnötig, sondern für alle Beteiligten schädlich.

Weihen Sie ein Kind, wo notwendig, in Probleme ein, benutzen Sie es aber nicht, um Ihre Sorgen dort abzuladen. Teilen Sie nicht mit ihm Ihre Angst. Und vergessen Sie nicht, Ihrem Kind das Gefühl zu geben, dass sich an Ihrer beider Beziehung trotz allem nichts ändern wird.

Nehmen wir als Beispiel die schwierige Situation, dass ein Elternteil den Job verloren hat. Da sich die finanziellen Einbußen auch auf das Kind auswirken werden, muss man ihm auch sagen, dass es eine Veränderung geben und eine Zeitlang weniger Geld zur Verfügung stehen wird. Gleichzeitig muss man ihm aber auch die Sicherheit vermitteln, dass der betroffene Elternteil sich sehr darum bemühen wird, bald eine neue Arbeit zu finden, so dass die Situation zwar schwierig, aber lösbar ist. Gemeinsam, und das muss der Sprössling in jedem Moment wissen, ist das alles machbar. Hier kann das Kind etwas zur Lösung beitragen. Keine gute Idee ist es hingegen, dem Kind vorzujammern, welche Probleme jetzt auf den Erwachsenen zukommen. Was könnte es denn da zur Unterstützung tun?

Kinder sind Partner, die Unterstützung brauchen

Gleichzeitig gibt es aber auch vieles, was für die Idee einer Partnerschaft zwischen Erziehenden und Kindern spricht. Denn wenn man diese, wie so vieles andere auch, nicht missbraucht, ist sie wahrscheinlich die einzige Möglichkeit, wie solch eine Beziehung erfolgreich gestaltet werden kann.

Die Idee der Partnerschaft, so schreibt das Lexikon, schließt die Vorstellung einer grundsätzlichen Gleichwertigkeit und Gleichberechtigung der beiden Partner ein. Ich weiß, Kinder sind kleiner, jünger, unerfahrener und schwächer als Sie. Dennoch lautet die Frage nicht, ob, sondern wie eine Partnerschaft aussehen kann, in der die Kräfte so ungleich verteilt sind. In der Erwachsenenwelt funktioniert das ja auch.

Nehmen wir an, Sie möchten Boxer werden. Obwohl Sie bis jetzt noch nie etwas mit dieser Sportart zu tun hatten, beschließen Sie, es in dieser zu etwas ganz Großem zu bringen. Sie engagieren also einen entsprechenden Trainer. Nicht irgendeinen Anfänger, sondern den vierfachen Weltmeister. Was erwarten Sie nun, wie dieser mit Ihnen umgehen wird? Von oben nach unten, wie es ja der Rangordnung entspräche, oder doch lieber in partnerschaftlicher Freundschaft? Anders gesagt: Möchten Sie im konkreten Fall lieber als der »Möchtegern-Star« wahrgenommen und behandelt werden, oder soll Sie der Trainer doch eher als angehenden Profikollegen sehen? Was dieses Beispiel schön zeigt, ist, dass es auch in einer Partnerschaft Grenzen geben muss. Auch wenn man nämlich davon ausgehen möchte, dass die Beteiligten sich als gleichwertig behandeln, heißt das noch lange nicht, dass sie es auch wirklich sind.

So höre ich immer wieder als Begründung, warum Eltern Kinder schlagen, dass Sie sich von diesen provoziert fühlten. Bei allem Verständnis für die Schwierigkeiten der Erziehung: Wenn ein Dreißigjähriger sich von einer Zweijährigen dazu herausfordern lässt, zuzuschlagen, ist das ganz einfach lächerlich.

Ein Kind, und das muss jedem Erziehenden klar sein, ist kein gleichwertiger Gegner.

Die Verantwortung, sich diesen Umstand bewusst zu machen, liegt aber ebenso wenig bei einem Kind wie bei einem Boxneuling. Sie sind genau dafür erwachsen geworden, dass Sie gelernt haben, mit gewissen Dingen umzugehen und wo nötig darüber hinwegzusehen. Einem Kind gegenüber sind

Sie nicht der Schüler, hier sind Sie der Weltmeister. Fände sich nun dieser von einem Schüler provoziert, weil der unkonzentriert den Anweisungen nicht folgt, und schlüge daher bei einem der ersten Probekämpfe mit seiner gesamten Kraft zu – wie fänden Sie das? Stark übertrieben, oder?

Es ist NICHT so, »weil ich es sage«

Es gibt da noch eine Besonderheit, an der man ungleiche Beziehungen, wie sie vor allem zwischen Kindern und Erwachsenen bestehen, unfehlbar erkennen kann. Es gibt diese vier sogenannten Totschlagworte, welche die Großen verwenden, wenn sie nicht in der Lage sind oder schlichtweg zu bequem, einem Kind einen Wunsch oder auch ein Verbot zu begründen. Sie lauten: »Weil ich es sage.«

Das hat jetzt überhaupt nichts damit zu tun, dass es Dinge gibt, über die man nicht diskutieren kann, weil sie eben so sind. Es ist genauso müßig, die Reihenfolge der Planeten in Frage zu stellen, wie die Tatsache, dass Kinder kleiner sind als Erwachsene. Das meine ich nicht. Darüber gäbe es auch mit einem Erwachsenen keine lange Diskussion. Wovon ich spreche, ist der Umgang mit einer kindlichen Nachfrage.

Ein Kind, das nach dem Grund für eine Entscheidung fragt, hat das gleiche Recht auf eine Erklärung wie ein Erwachsener.

Wenn Erziehende etwas nicht wollen, kommt es häufig zu einem Dialog der folgenden Art: »Mama, darf ich heute zum XY gehen?« – »Nein.« – »Und warum nicht?« – »Weil ich es sage.« Ende der Durchsage. Der Vorteil dieser Methode ist, dass diese Aussage vermeintlich ein Killerargument ist. Wenn Sie es sagen, was gibt es da noch zu entgegnen? Manches. Dass Sie mit so einer Ansage zum Beispiel Ihre Autorität und Ihr Vertrauen untergraben. Oder dass die Diskussion keineswegs wirklich beendet ist. Vielleicht sagen Sie ja in einer Stunde etwas anderes? Und nicht zuletzt, dass diese Form der Antwort eine Art von Respektlosigkeit ist, die sich nur Erwachsene Kindern gegenüber leisten.

Stellen Sie sich einmal vor, Sie gehen zu Ihrem Arbeitgeber und fragen diesen, ob Sie im nächsten Monat zwei Wochen Urlaub nehmen dürfen. Der Chef blickt nur genervt von seinem Schreibtisch auf und sagt: »Nein.« Sehr wahrscheinlich sind Sie mit dieser Antwort nicht zufrieden und wollen zumindest eines wissen: »Darf ich nur fragen, warum das so ist?« Ihr Arbeitgeber schaut Sie kurz gereizt an und meint dann nur: »Weil ich es sage.« Alles klar? Wie Sie auf diese Situation reagieren, kommt wahrscheinlich unter anderem darauf an, in welcher Lage Sie sich befinden. Haben Sie ohnehin schon Angst um Ihren Arbeitsplatz, könnte ich mir durchaus vorstellen, dass Sie die Urlaubsfrage längere Zeit nicht mehr stellen werden. Der Chef hat also scheinbar sein Ziel erreicht. Nur scheinbar deshalb, weil sich jeder vernünftige Firmeninhaber nicht ängstliche, sondern im Grunde zufriedene und loyale Mitarbeiter wünscht. Gut, denken Sie jetzt vielleicht, aber kein Chef verbietet wohl seinen Angestellten, sich freizunehmen, wenn es dafür nicht einen Grund gibt. Das ist fraglos richtig.

Das Problem ist ja auch nicht, dass Sie Ihrem Kind nicht erlauben, zu seinem Freund zu gehen. Problematisch ist alleine der Umgang mit der Rückfrage. Diese wird von vielen Erziehenden als Provokation aufgefasst, als Infragestellen ihrer Macht. Wäre aber Ihre Frage an den Chef als solche gemeint? Oder hätten Sie nicht mit der Antwort »Wir haben momentan einen sehr großen Auftrag, und da brauche ich alle verfügbaren Kräfte« besser leben können?

Natürlich gibt es hier in der Erziehung einen Sonderfall: Der tatsächliche Grund für das Verbot, einen Freund zu besuchen, ist einzig die schlechte Laune des Erziehenden. Wie Sie das dann Ihrem Kind beibringen, müssen Sie sich selbst überlegen. Möchte zum Beispiel Ihr siebenjähriger Sohn zu einem Freund gehen, dessen Eltern nicht zu Hause sind, sind Sie damit sehr wahrscheinlich nicht einverstanden. Sie können Ihrem Kind jetzt einfach ohne jede Erklärung den Besuch verbieten. Oder aber Sie können ihm sagen, dass Sie einfach nicht wollen, dass die beiden alleine in der Wohnung sind, und daher anbieten, dass der Freund doch auch zu Ihnen nach Hause kommen kann.

Erziehung ist ein gemeinsamer Weg

Erziehung ist immer eine Reise, bei der zumindest zwei oft sehr unterschiedliche Persönlichkeiten miteinander unterwegs sind. Ein weiterer Grund, die Beziehung zu einem Kind als Partnerschaft zu sehen. Denn unabhängig von Meinungen und Erkenntnissen irgendwelcher Experten: Für mich ist ein Mensch ab dem Moment eine Persönlichkeit, an dem ich bereit bin, ihn als solche anzunehmen. Das hat weder mit der Reife, dem Alter oder der Bildung meines Gegenübers zu tun, sondern alleine mit meiner persönlichen Einstellung.

Ich bin der Überzeugung, dass jedes Kind als Persönlichkeit auf die Welt kommt, die man nicht formen, sondern deren Entwicklung man unterstützen muss.

Wer nun davon ausgeht, dass das Wesen eines Kindes von den ihm umgebenden Erwachsenen gestaltet werden muss, handelt wie ein Gärtner, der einen missliebigen Keim abtötet, um an seiner Stelle eine ihm gefällige Blume entstehen zu lassen. Wer aber jemals eine Partnerschaft hatte, weiß, dass die wichtigste Voraussetzung für ihr Gelingen die Fähigkeit ist, sich selbst zurückzunehmen und dem anderen Platz zu geben für seine eigene Entwicklung.

Bereite ich zum Beispiel angehende Fotografen auf ihren Beruf vor, dann sehe ich sie nicht vorrangig als zu formende Schüler, sondern vielmehr als Partner. Erstens möchte ich ja nicht, dass irgendjemand nachher so fotografiert wie ich. Das tue ich ohnehin schon selbst. Vielmehr ist es meine Aufgabe, jeden Einzelnen dabei zu unterstützen, seine ganz persönliche Sicht auf die Dinge zu entwickeln. Und zweitens kann ich von jedem meiner Schüler eine ganze Menge lernen. Lernen können Sie als Erziehender auch von Ihrem Kind, sobald Sie es mit den richtigen Augen sehen.

Vergessen Sie nicht, dass ein Mensch, der Ihre Unterstützung und Begleitung braucht, vielleicht kein Partner, aber auch kein Untergebener ist, sondern immer ein gleichwertiges Gegenüber.

Denn wie ein guter Lehrer immer ein Schüler bleibt, so bleibt ein guter Erziehender auch immer ein Kind, bis an das Ende seiner Tage.

EIN KIND IST EIN PARTNER, WELCHER HILFE BRAUCHT

Nehmen Sie Ihr Kind als gleichwertiges Gegenüber wahr, ohne es dabei zu überfordern? Unten stehende Fragen sollen Ihnen dabei helfen.

Sind Sie in der Lage, Ihr Kind als den Menschen wahrzunehmen, der es wirklich ist?

....

Dürfen Kinder Erwachsene notfalls anschreien?

....

Ist Ihr Kind Ihr Freund?

....

Dürfen Kinder Geheimnisse vor den Erziehenden haben?

....

In welche Probleme muss man Kinder unbedingt einweihen?

....

Ab welchem Alter versteht ein Kind, was Arbeitslosigkeit bedeutet?

....

Wer eine Rose verschenkt,
in dessen Hand bleibt
ihr Duft zurück.
                    (aus China)

12. Die Kunst des behüteten Gehenlassens

Wer Menschen führen will, muss hinter ihnen gehen. (Laotse)

Lerne, dass Einfluss, aber auch Verantwortung von Erziehenden Grenzen haben.

Vielleicht haben Sie einmal gehört, dass in vielen Ländern Asiens die Gastfreundschaft zu den höchsten Tugenden zählt. Vor einiger Zeit hatte ich wieder einmal die Gelegenheit, diese, oder besser gesagt, das, was meine Gastgeber darunter verstanden, zu erleben. Um es vorwegzunehmen: Es war eine nette Absicht, aber in der Ausführung übertrieben. Doch lesen Sie selbst, die Szene war folgende: In einem Lokal der gehobenen Klasse sitzen an einem Tisch fünf Gäste, die von sieben Kellnerinnen betreut werden. Deren aufmerksamen Blicken entgeht absolut nichts. Kaum hat ein Gast auch nur einmal an seinem Teeglas genippt, eilt schon seine persönliche Betreuerin herbei und füllt es lächelnd wieder bis zum Rand. Nimmt einer der Gäste sein Zigarettenpäckchen auch nur aus seiner Jackentasche, zückt augenblicklich eine Bedienstete das Feuerzeug, zündet es an und wartet, dass die Zigarette in die Hand genommen wird. Das leiseste Zurückrücken mit dem Stuhl hat eine umgehende Begleitung zur Toilette zur Folge, auch wenn das der Kunde gar nicht will. Gastfreundschaft, ist mir durch den Kopf geschossen, schön und gut, aber es gibt auch zu viel des Guten. Denn oft habe ich in diesen Superservice-Situationen den Eindruck, dass die Menschen so voller Freude und willens sind, mir etwas Gutes zu tun, dass sie jedes Gefühl dafür verlieren, wann sie aufhören müssen. Sie identifizieren sich so sehr mit ihrem Angebot, dass ich den Eindruck habe, sie wären direkt beleidigt, wenn ich es nicht annehmen würde.

Behüten ja, überbehüten nein …

Oben genanntes Gefühl, nicht erkennen zu können, wann eine Umsorgung zu viel ist, ist ein Problem, das verständlicherweise viele Erziehende auch haben. Denn genauso wie in dem asiatischen Lokal, habe ich mir dann gedacht, muss es einem überbehüteten Kind ergehen. Also jemandem, dem jeder vermeintliche Wunsch von den Augen abgelesen wird, bevor er ihm überhaupt selbst bewusst geworden ist. Dieses Pampern der Kinder bringt zweierlei Schwierigkeiten mit sich. Erstens könnte ein Kind, das in solch einer Umgebung aufwächst, wohl kaum etwas für sein Leben lernen. Denn gleich, wie umsorgt es auch groß wird: Eines Tages muss jeder sein geschütztes Umfeld verlassen und sich der Wirklichkeit stellen. Und spätestens als Erwachsener wird er dann mit Schrecken erkennen, dass das Leben so gar nicht das ist, wofür er es bis dahin gehalten hat. Er wäre von einer Sekunde auf die andere gezwungen, zu begreifen, dass sich nicht ausnahmslos jeder für die Erfüllung seiner Wünsche interessiert und dass es auch unfreundliche Leute gibt, die ihm alles andere wollen außer etwas Gutes. Solche Menschen haben es als Erwachsene meist sehr schwer.

Natürlich verstehe ich, warum Erziehende sich so verhalten. Jeder möchte für sein Kind nur das Beste und es wo immer möglich von allen Schwierigkeiten fernhalten. Mit denen, so denken viele, wird es ohnehin noch früh genug konfrontiert. Was zwar grundsätzlich nicht falsch, aber einfach nicht bis zum Ende gedacht ist.

> *Es gibt Widrigkeiten, vor denen kann man sein Kind nicht beschützen. Man kann es aber auf die Möglichkeit vorbereiten, dass diese eintreten.*

Und genau diese wird den Überbehüteten vorenthalten. Übertreibt man den Versuch, von Kindern jede Enttäuschung und alles, was sie sonst als negativ empfinden könnten, fernzuhalten, kommt am Ende meist das Gegenteil heraus.

Zum richtigen Zeitpunkt loslassen können

Sie kennen vielleicht Menschen, die ihre Kindheit in einem fast klinisch reinen Zuhause verbracht haben. Immer war ihre Umgebung blank geputzt und steril, nie kamen sie auch nur mit einem Staubkorn in Berührung. Vom Standpunkt der Hygiene aus betrachtet hatten sie eine wunderbare Zeit. Gleichzeitig wurde ihnen aber die Möglichkeit genommen, eine Immunabwehr gegen Bakterien, Keime und all die anderen Krankheitserreger aufzubauen. Was wird nun aus diesen Kindern im Erwachsenenalter? Sie werden zu Menschen, für die schlimmstenfalls die kleinste

Erkrankung zu einer ernsten Bedrohung wird. Das heißt jetzt nicht, dass irgendein Mensch für eine gute Entwicklung Probleme, Enttäuschungen oder sonstige Schwierigkeiten braucht. Ganz im Gegenteil. Man darf also Kinder keinesfalls bewusst in unangenehme Situationen bringen, nur um sie für das Leben abzuhärten. Das wäre, als legten Sie einen Säugling in die Seuchenstation eines Krankenhauses in der Hoffnung, er würde dort ein starkes Abwehrsystem entwickeln.

Für mich ist die Kunst der Erziehung nicht nur eine Kunst des richtigen Behütens. Vielmehr ist es auch die Fähigkeit, sich von einem anderen zu lösen, ihn zum richtigen Zeitpunkt gehen zu lassen. Schließlich soll gute Erziehung ein Kind auf das Leben vorbereiten und es nicht vom Erziehenden abhängig machen, damit es möglichst lange bei diesem bleibt.

Oft sehe ich, dass Kinder noch im Erwachsenenalter zu Hause wohnen. Dagegen ist so lange nichts einzuwenden, als sie das nicht aus einem Mangel an Alternativen tun. Denn viele haben auch als Große oft gar keine Möglichkeit auf ein eigenständiges Leben, weil sie nie gezwungen wurden, das zu lernen. In diesen Fällen läuft dann tatsächlich etwas falsch. Nicht bei den Kindern, sondern in den Köpfen der Erziehenden. Aber auch deswegen nicht, weil diese ihre Kinder nicht aus dem Haus jagen. Das überhaupt nicht. Aber weil sich keiner überlegt, dass es auch ein Leben nach der Erziehungszeit geben muss.

Um es konkret anzusprechen: Was passiert mit so einem jungen Menschen, wenn die Personen, die ihm sein Leben erst ermöglicht haben, plötzlich bei einem Autounfall ums Leben kommen? Viele stehen dann mit genau nichts da und haben ein ganzes Leben lang unter der falsch verstandenen Liebe ihrer Erziehenden zu leiden. Erziehung soll Fähigkeiten schaffen und sie fördern, aber nicht lähmen.

> *Ein guter Erziehender führt sein Kind so weit, dass es alleine gehen kann, und bleibt dann als mal sichtbarer und mal unsichtbarer Begleiter im Hintergrund.*

Kinder übernehmen Eigenverantwortung

Ein Kind gehen zu lassen bedeutet aber auch, zu verstehen, dass sowohl der Einfluss als auch die Verantwortung eines Erziehenden Grenzen haben. Wie auch ein Reiseleiter Einfluss auf seine Gäste hat und auch Verantwortung für sie trägt. Doch beides ist begrenzt. Dafür, wie diese nach der Reise über das Land reden, ist er nur sehr bedingt verantwortlich.

So wollte man in einer Studie feststellen, welchen Einfluss das Umfeld und die Umgebung auf die Entwicklung von Menschen hat. An dieser Studie nahmen auch zwei eineiige Zwillingsbrüder teil, deren Vater ein Alkoholiker war und mehrere Straftaten begangen hatte. Er hatte dafür mehrere Jahre im Gefängnis verbracht. Auch einer der beiden Zwillingsbrüder war Alkoholiker und kam häufig mit dem Gesetz in Konflikt. Der andere hingegen war ein erfolgreicher Geschäftsmann, glücklich verheiratet und hatte zwei Kinder. Im Zuge dieser Studie wurde beiden die gleiche Frage gestellt: »Woran liegt es, dass Sie zu dem geworden sind, was Sie sind?« Und beide Zwillingsbrüder hatten die gleiche Antwort parat: »Was sollte aus mir bei so einem Vater auch werden?« Verstehen Sie das jetzt nicht falsch.

Das entbindet Sie nicht von Ihrer Verantwortung. Aber Erziehende tragen nicht für alles die Schuld, was einmal aus Kindern wird. Verstehen Sie, dass Kinder Wesen sind, die Sie auf einen Weg bringen. Sie können dessen Richtung zwar vorgeben, aber letztlich weder bestimmen noch verantworten.

Gleich, was passieren wird, gleich, wohin das Leben Ihr Kind führt: Seien Sie da, wenn Ihr Kind Sie braucht, erzwingen Sie es aber nicht.

Und wenn der Weg Ihres Kindes auf einmal sehr stark von Ihren Vorstellungen abweichen sollte? Dann wissen Sie, dass Sie Ihr Bestes gegeben haben, und lassen Sie es gehen. Sie haben der Welt eine Rose geschenkt, und der Duft bleibt ein Leben lang in Ihrer Hand zurück.

DER ZEITPUNKT DES LOSLASSENS

Sie sind bereit, Ihr Kind gehen zu lassen und doch bei ihm zu bleiben? Die unten stehenden Fragen sollen Ihnen das zeigen.

Vor welchen Problemen kann man sein Kind nicht schützen?

....

Wie bereitet man einen Menschen auf Ungerechtigkeit vor?

....

Wie soll er darauf reagieren?

....

Sind Erziehende verantwortlich, ob ein Kind in seinem Beruf glücklich ist?

....

Gibt es eine Möglichkeit, aus jemandem einen guten Menschen zu machen?

....

Ist einem Kriminellen sein Leben durch die Erziehung vorbestimmt?

....

Was ist der größte Wunsch für Ihr Kind?

....

Epilog

Das war es. Wir sind da, und ich lasse Sie wieder alleine. Es war schön, Sie kennengelernt zu haben, mit Ihnen zu plaudern und auch zu diskutieren. Es war eine anstrengende Reise, ich weiß. Schließlich ist Erziehung nicht etwas, was man von heute auf morgen beherrscht, und auch nichts, was man aus Büchern lernen kann. Es ist eine Fähigkeit, die sich ein ganzes Leben lang entwickelt. Selbst wenn Sie im Laufe des Lesens bemerkt haben sollten, dass Sie das eine oder andere hätten anders machen können oder sogar sollen, lassen Sie diese Gedanken. Ändern Sie es einfach für die Zukunft. Konfuzius hat einmal gesagt: »Unser größter Ruhm liegt nicht darin, niemals zu fallen, sondern jedes Mal wieder aufzustehen, wenn wir gescheitert sind.« Gute Erziehung kommt nicht aus Ratgebern, sondern nur aus Ihnen selbst. Hören Sie auf sich, und achten Sie auf Ihr Kind, dann schaffen Sie gemeinsam die Wege ins Leben. Erziehen Sie Ihre Kinder so, wie Sie sich wünschen, dass diese einmal ihre eigenen Kinder erziehen werden. Vergessen Sie dabei nicht, dass Sie als Erziehender in jeder Sekunde unter Beobachtung stehen. Sie werden immer von einem Menschen begleitet, den alles, was Sie tun, aber auch alles, was Sie nicht tun, für sein Leben beeinflusst. Oder, um es mit Paul Watzlawick zu sagen: Sie können nicht nicht erziehen. In diesem Sinne wünsche ich Ihnen und all denen, die Sie in ihr Leben führen, alles Glück, alle Freude und alle Liebe dieser Welt.

Ihr Bernhard Moestl
Wien, im November 2009

Danksagung

Wem ich danke sagen möchte

Nach dem Abgeben des Manuskripts bleibt jedem Autor noch eine letzte, sehr erfreuliche Aufgabe: das Schreiben einer Danksagung. Er lehnt sich also zurück und ruft sich mit dankbarer Demut die vielen wunderbaren Menschen ins Gedächtnis, die mit Zeit, Gedanken, Ideen und Anregungen sein Buch erst möglich gemacht haben. Da das meist mehr sind, als im Buch Platz haben, muss er die schwierige Entscheidung treffen, wen er stellvertretend für alle anderen aufführen möchte.

Bei diesem Buch ist das allen voran die Kleinkindpädagogin Heidi Mischinger, die mir mit unglaublicher Geduld und ebensolcher fachlicher wie menschlicher Kompetenz geholfen hat, das wirkliche Wesen und die tatsächlichen Bedürfnisse von Kindern zu verstehen. Ohne dich hätte es dieses Buch nie gegeben. Es ist meine ehemalige Projektleiterin Bettina Huber, die mich ermutigt hat, das Buch in dieser Form zu schreiben, und mir dann mit großem Einfühlungsvermögen geholfen hat, Ecken und Kanten dort dazuzutun, wo sie zu wenig, und dort abzuschleifen, wo sie zu viel waren. Die Arbeit mit euch war wunderbar. Es ist der Reiseleiter Alexander Kriegelstein, der mir vor bald 25 Jahren die Chance gegeben hat, in der Tourismus-Branche Fuß zu fassen, und von dem ich gelernt habe, dass man nicht nur beim Schreiben immer noch besser werden kann.

Es sind Marianne Mohatschek, die mir mit Momofant und Momomaus zwei meiner wichtigsten Lebensbegleiter gezeichnet, und Irene Nemeth, die mich zum letzten Kapitel inspiriert hat. Es ist meine Familie und hier allen voran mein Vater Wolfgang Möstl, der mich gelehrt hat, nachzudenken, und meine mittlerweile verstorbene Großmutter Erika Möstl, der ich mehr verdanke, als sie wahrhaben will. Es sind der Verleger Hans-Peter Übleis und das Team vom Knaur-Verlag, die meinen Manuskripten ein verlegerisches Zuhause gegeben haben, und mein Partner Gerhard Conzelmann, der mich zu diesem Verlag gebracht hat. Es gäbe aber auch keines meiner Bücher ohne jene Menschen, die mir in all den Jahren mit ihrer Zeit, Zuwendung und Unterstützung ein so glückliches Leben ermöglicht haben. Das sind Oliver Fleischmann, der mir immer alles beigebracht hat, wonach ich ihn gefragt habe, Otto Gugler, Kurt Bauer, Rainald Edel, Albert Klebel, Fritz Weidinger, Daniela Seeling und Wolfgang Rada, die da waren, wann immer ich sie gebraucht habe. Es waren Meister Shi De Cheng, die Mönche des Klosters Shaolin und die vielen anderen Menschen in Asien und auf der ganzen Welt, die ihr Wissen und ihr Vertrauen mit mir geteilt haben. Und auch wenn sie am vorliegenden Buch erst bei der Taschenbuchausgabe beteiligt war, wäre eine Danksagung nicht vollständig ohne meine Lektorin Caroline Draeger, die mir Kritikerin, Lehrerin, Mutmacherin und Diskussionspartnerin ist und mit der es richtig Freude macht, zusammenzuarbeiten. Euch allen möchte ich ein herzliches Danke sagen. Schön, dass es euch gibt.

www.brainworx.cc

Literatur

Franz Kett: Die Religionspädagogische Praxis. Ein Weg der Menschenbildung; RPA Verlag religionspädagogischer Arbeitshilfen 2009

Janusz Korczak: Das Recht des Kindes auf Achtung / Fröhliche Pädagogik; Gütersloher Verlagshaus 2007

Jan-Uwe Rogge: Das neue Kinder brauchen Grenzen; Rowohlt Tb 2008

Jan-Uwe Rogge: Eltern setzen Grenzen; Rowohlt Tb 1995

Jesper Juul: Grenzen, Nähe, Respekt: Wie Eltern und Kinder sich finden; Rowohlt Tb 2000

Jirina Prekop: Der kleine Tyrann: Welchen Halt brauchen Kinder?; Goldmann Tb 2010

Jirina Prekop: Kinder sind Gäste, die nach dem Weg fragen: Ein Elternbuch; Kösel Tb 2001

Maria Montessori: Kinder sind anders; Klett-Cotta 2009

Peter Paulig: Das Kinderversteherbuch: Alles, was Eltern wissen wollen; Pattloch 2009

Rebeca Wild: Erziehung zum Sein; Arbor 2001

Wolfgang Bergmann: Warum unsere Kinder ein Glück sind: So gelingt Erziehung heute; Beltz 2009

Register

Bernhard Moestl

Das Shaolin-Prinzip

Die Kraft in dir verändert alles. Mit der Klarheit des
Denkens richtige Entscheidungen treffen und umsetzen

Shaolin-Mönche müssen jederzeit in der Lage sein, blitz-
schnell zu handeln. Bei ihnen geht es immerhin um Leben
und Tod. Doch es ist ihr Denken, das sie unbesiegbar
macht – und ihre Entschlusskraft. Bestsellerautor Bernhard
Moestl hat das Prinzip der Mönche analysiert und zeigt uns,
wie wir es auf unseren Alltag übertragen. Denn die Kraft,
Entscheidungen zu treffen, liegt in uns – und verändert alles.

Bernhard Moestl

Die Kunst, einen Drachen zu reiten

Erfolg ist das Ergebnis deines Denkens

Bernhard Moestl zeigt, wie wir mit Hilfe von 12 Strategien
für ein neues Denken unseren inneren Drachen beherrschen können. Er gibt praktische Tipps, wie es uns gelingt,
den Drachen zu reiten. Denn erst dann werden wir wirklich unangreifbar – weil der Drache nun seine Kraft für uns
einsetzt und wir unser Leben selbst bestimmen.

Bernhard Moestl

Der Weg des Tigers

Erkenne, warum du besonders bist,
und erreiche jedes Ziel mit Leichtigkeit

Wie gut kennen Sie sich? Sind Ihnen Ihre Stärken bewusst?
Ihre Talente? Wer die eigenen Vorzüge kennt, schätzt seine
Energie richtig ein. Der kann seinen Standpunkt kraftvoll
vertreten, der setzt sich durch. Schon die Shaolin-Mönche
wussten um diesen Zusammenhang und lehren noch heute
den Weg des Tigers.
Bernhard Moestl macht diese asiatische Weisheit für uns
alle nutzbar. Er zeigt, wie wir die Kraft in uns entdecken,
das Leben in die eigenen Hände nehmen und mit gesundem Selbstwertgefühl im Alltag bestehen.

KNAUR